Cartas a uma negra

Françoise Ega

Cartas a uma negra
Narrativa antilhana

tradução
Vinícius Carneiro
Mathilde Moaty

posfácio
Vinícius Carneiro
Maria-Clara Machado

todavia

I

Maio de 1962

Pois é, Carolina, as misérias dos pobres do mundo inteiro se parecem como irmãs. Todos leem você por curiosidade, já eu jamais a lerei; tudo o que você escreveu, eu conheço, e tanto é assim que as outras pessoas, por mais indiferentes que sejam, ficam impressionadas com as suas palavras. Faz uma semana que comecei estas linhas, meus filhos se agitam tanto que não tenho muito tempo para deixar no papel o turbilhão de pensamentos que passa pela minha cabeça. Estou indignada. Uma jovem da minha terra me contou coisas sobre a sua vida na casa onde trabalha que jurei verificar. Ganho um dinheiro e já posso fazer um balanço: sou faxineira há cinco dias, meus empregadores estão incomodados porque claramente não sou uma recém-chegada; falo de Champs-Élysées, Touraine ou da igreja Notre-Dame de la Garde com muita naturalidade. Eles não podem, sem mais nem menos, me chamar de Marie ou Julie. Aliás, nem estão preocupados com isso: não me chamam de nome nenhum.

Quinze dias se passaram e ninguém me perguntou como eu me chamava nem pediu a minha carteira de identidade, é incrível!

Duas jovens moram lá, a mais velha está cursando as aulas preparatórias* para as *grandes écoles* de exatas, a outra estuda

---

* Curso para alunos de alto rendimento que seleciona estudantes para as faculdades de elite na França, as *grandes écoles*. [Esta e as demais notas são dos tradutores.]

para o *baccalauréat.** A mais velha me ignora — está entupida de equações. Ela diz um preguiçoso "Bom dia, senhora". Eu pergunto onde devo guardar seus sutiãs. Ela nem me responde.

A segunda diz do mesmo jeito "Bom dia", "Boa noite", "Até mais", porém ganhou o meu respeito: no seu quarto, não havia bituca de cigarro, mas tirei de sua gaveta dez cabinhos de maçãs devidamente devoradas. Eu a vi revisar uma lição mordiscando com muita desenvoltura o talo da fruta; depois dessa imagem simpatizei com ela, apesar de sua arrogância de controladora. Há também um adorável garoto, de cabelos ruivos, simples e gentil. Entre nós dois, o papo é fácil.

A patroa, cuja idade regula com a minha, entrincheirou-se atrás de uma fachada ridícula de dignidade e rigidez. Às vezes ela a esquece e vira uma pessoa sorridente; entretanto, isso dura pouco. Sou a empregada. A patroa solta depressa um "Bom dia". Eu, quando chego, digo: "O dia está lindo, né?".

Já o patrão, eu o encontro ao chegar, quando ele está saindo para trabalhar na sua clínica para gente nervosa. Na verdade, foi ele que me contratou. Ele é muito alto. Por sinal, todos são altos naquela casa. Trata-se de alguém ponderado, de gestos calculados; tem olhos azuis tão cheios de bondade que não consigo imaginá-lo fazendo algo ruim. A senhora é versátil, eu acho, mas todas as mulheres são assim.

Maio de 1962

Eu descobri você, Carolina, no ônibus. Levo vinte e cinco minutos para ir até meu emprego. Penso que não tem a menor serventia ficar se perdendo em devaneios no trajeto para o trabalho. Toda semana me dou ao luxo de comprar a revista *Paris Match*; atualmente, ela fala muito dos negros. Foi assim que

---

* Exame equivalente ao vestibular brasileiro.

conheci a sublime sra. Houphouët com seu vestido de gala. Eu não iria lhe dedicar as minhas palavras, ela não compreenderia. Mas você, Carolina, que procura tábuas para o seu barraco, você, com suas crianças aos berros, está mais perto de mim. Volto para casa esgotada. Acendo a luz, as crianças estudam, do jeito como se faz hoje em dia. Elas não têm muitos deveres de casa, seria cansativo demais, mas me contam o enredo, detalhe por detalhe, da última história em quadrinhos que foi lida na escola. Carolina, você nunca vai me ler; eu jamais terei tempo de ler você, vivo correndo, como todas as donas de casa atoladas de serviço, leio livros condensados, tudo muda rápido demais ao meu redor. Para escrever alguma coisa, preciso esconder meu lápis, senão as crianças somem com ele e com meus cadernos. Há noites em que os encontro bem fininhos. Já meu marido me acha ridícula por perder tempo escrevendo bobagens; por isso, ele esconde cuidadosamente sua caneta. Como você conseguia segurar um lápis com a criançada à sua volta? Para os meus filhos, sumir com um lápis é normal, sempre tem o da mãe ao alcance. Somente uma coisa os faz parar: quando digo que temos em casa apenas o dinheiro do pão, eles evitam, por um breve período, perder seus materiais. É sempre a mesma coisa, não importa o que estejam fazendo. Só me resta esperar para ver quem aparecerá primeiro com os sapatos furados depois de jogar futebol. Meu marido diz: "O importante é o pão de cada dia, o resto a gente dá um jeito". Acho, Carolina, que você conhece essas palavras. Na favela, você nunca foi capaz de pensar em nada além do pão de cada dia. Penso que é isso que me aproxima de você, Carolina Maria de Jesus. Eu também me chamo Marie, como você, e Marcelle, como Pagnol. Moro muito perto do povoado dele, nunca o li, mas o escutei no rádio com paixão. Também me chamo Françoise e, por fim, Vittalline, como ninguém mais. Não canso de me perguntar onde meus pais encontraram um nome desses.

20 de maio de 1962

Se um dia eu lhe enviar estas linhas, você vai querer saber o resto da minha história. Hoje à noite, digo a mim mesma: "De que adianta?". Estou cansada. Quando você juntou as tábuas para o barraco, você não conhecia a expressão "de que adianta?", isso me dá uma vontade danada de escrever meus pensamentos, preto no branco, enquanto as crianças dormem. Pego de novo a Bic! Para ganhar dez francos à tarde, fiz quatro quartos, limpei dois banheiros, dois armários, descasquei dois quilos de ervilha. Em casa, só como as enlatadas, não gosto de descascar, irrita a ponta dos dedos. Mas não estou zangada, estamos no final do mês e é Dia das Mães, com o dinheiro poderei fazer um bolo bem grande. O Dia das Mães é ainda uma festa dos meus filhos! Eles pegaram um dos meus cadernos, agora tenho que copiar de novo todas as folhas. Se você não tivesse se tornado minha inspiração, eu já teria atirado tudo para o alto, dizendo: "De que adianta escrever?". Fecho uma janela em meus pensamentos, outra se abre, e a vejo curvada, na favela, escrevendo no papel que tinha catado no lixo. Eu, que tenho a imensa felicidade de ter um caderno, um abajur e uma música bem baixinha que sai do rádio, acho que seria covardia largar tudo porque uma criança rasgou as folhas do caderno. Só me resta recomeçar.

Timidamente, eu disse para quem estava ao meu redor: "Estou escrevendo um livro". Riram de mim. Repeti o meu leitmotiv a compatriotas que me viam rabiscar quando nos encontrávamos, fosse no ônibus, fosse nos encontros dos grupos comunitários. Aos risos, me disseram: "Cuide das suas crias". Houve quem, por pena, levasse a mão à testa. Comecei então a escrever às escondidas, o que cheguei a dizer a uma correspondente distante e vivida, num dia em que ainda queria deixar tudo de lado. Hoje de manhã, essa senhora admirável respondeu: "Será um belo livro. Apesar de eu não saber do que trata, desde já sei como a senhora vai escrevê-lo".

Ela não me conhece e confia no meu potencial. É a oportunidade que tenho de avaliar o que posso esboçar, e isso me deixa animada. De uma só vez, escrevi três capítulos do *Reino desvanecido*, título que surgiu porque alguém tinha confiado em mim, por meio de algumas palavras.

2 de junho de 1962

Carolina, ontem foi a Festa da Ascensão. Na igreja do meu bairro, vi uma mocinha da minha raça chorando após a comunhão. Isso me embrulhou o estômago. Queria saber quem era e o que estava fazendo ali, no subúrbio de Marselha, com seu vestido de verão, embora fizesse ainda bastante frio — eu mesma estava com um pulôver grosso. Ela sorriu. Falei no nosso patoá, o que a encheu de confiança. Ela me contou que "pessoas a trouxeram". Quem fez isso, que "pessoas"?, perguntei, inflamada.

"Uma patroa pagou a minha viagem! Preciso reembolsar cento e cinquenta francos por mês. Ganho duzentos e vinte. Sobram setenta para o dia a dia. Tenho dois filhos lá na minha terra, lá eu trabalhava como atendente num bar, não sou casada, sabe como são essas coisas! Eu vim tentar mandar dinheiro para a minha mãe, para criar os meninos, mas tenho que ficar oito meses antes de enviar. Estive na cidade duas vezes e me roubaram setenta francos. O primeiro táxi que peguei fez um longo desvio, o que me custou dez francos! Isso me deprime! Não via a França desse modo! Além disso, olha como eu trabalho! Até as dez da noite! Me levanto às seis da manhã, nem tenho tempo de comer!"

Carolina, meu sangue estava fervendo!

"Como as coisas chegaram a esse ponto? Que tráfico de pessoas é esse! Foi feito um contrato de trabalho? Seu nome está no sistema de seguridade social?"

"Não! A patroa me disse que em três meses vai me registrar! A colega que lhe passou meu endereço está na mesma situação que eu; 'Só daqui a três meses', ela me disse. Mas com minha colega é diferente, ela tem família em Marselha."

De fato, há muitas moças que "são trazidas" para Marselha. Deixam as ilhas sonhando com um destino melhor. Eu as vejo, e é sempre igual, são compradas por um tempo determinado, ou quase isso. As patroas fazem como todas as suas amigas abastadas, têm uma empregada antilhana, mais flexível e mais isolada que a empregada espanhola de outrora. Nessa loteria, há quem tire a sorte grande e vá parar na casa de pessoas cheias de dignidade e humanidade. Há outras, e são a maioria, que se dobram ao jogo. Esta aqui me conta como, sob pena de sanção, é forçada a limpar as roupas íntimas da dona da casa. Outra come de pé. Outra é levada a um chalé na montanha e obrigada a buscar água na fonte, a qual encontra apenas depois de remover a neve com picareta. Meu marido resmungou: eu deveria ter ficado em casa. "Por que engrossar as fileiras desse gado humano?", ele disse. É bem simples: nunca poderei falar sobre isso com conhecimento de causa se não souber do que se trata.

Foi assim que voltei aos gestos ancestrais, Carolina, somos do mesmo calibre, e o trabalho não me assusta. Para me animar, na ida para o serviço, me dou ao luxo de comprar um café. Custa somente quarenta centavos. Para ganhar quarenta centavos, preciso dar duro por doze minutos. Em doze minutos, lavo um monte de louça! Como é gostoso o café batalhado! E como são infelizes aquelas cujas vidas são reduzidas a esse cálculo. Quem tem dinheiro em abundância não pensa nisso. As que, como eu e você, não conhecem nada além de um futuro incerto, mas que são livres, que têm a possibilidade de se rebelar, de recusar a condição de escrava, são abençoadas. Como tenho pena das pobres meninas a quem se diz: "Fique à vontade para tomar café o quanto quiser depois de acabar o serviço". Diante dessas desgraças, sou invadida por um imenso desgosto.

2 de junho de 1962

Faz dois meses que sou faxineira, e não tem sido divertido, Carolina. Pau que nasce torto, morre torto. Com a minha patroa, não falo apenas de cera, sabão de Marselha e prendedores de roupa. Sinto que ela está um pouco desapontada. Sua amiga contratou "uma" que fala muito mal francês e é bastante ingênua, que lindo! Para ela, sou uma pessoa esquisita, o que a deixa nervosa e um pouco cruel. Ela pergunta:

"A senhora já terminou o vestíbulo?"

"Sim, senhora."

É o sinal: ela pega um tapete empoeirado e se põe a sacudi-lo justo no lugar que acabei de deixar brilhando! Preciso então recomeçar. Se disser isso em casa, meu marido vai gritar "Fique aqui", e depois tratará de deixar minha mobilete enguiçada! Se ficar em casa, jamais poderei ver até onde a estupidez humana pode ir. Na segunda-feira, limpo a sala de estar até dizer chega, começando por escovar um tapete bem pesado. Pelo jeito, o aspirador danifica as fibras desse precioso ornamento. Pessoalmente, acho que é para melhor me ver de joelhos no chão. Na terça-feira, quando tudo está brilhando, a patroa decide costurar, e centenas de fiapos se incrustam na lã do tapete que me custa tanto limpar. Com um ar negligente, ela diz: "Preciso lembrar de pôr um lençol velho na frente da poltrona de costura!". Ela invariavelmente esquece! Então faço menção de pegar o aspirador de pó, e ela diz: "Preciso do aspirador para a sala! Pegue a escova pequena!". Ou seja, "Curve o lombo, minha filha, vou te pagar dois francos por hora pelo serviço".

Sou uma cobaia voluntária, reprimo o desejo de pendurar o avental na parede e começo novamente a escovar. É quando me pergunto como deve ser para as minhas irmãs que não têm para onde ir caso se rebelem, que são forçadas a ficar dia e noite na companhia dessas tais mulheres de bem porque têm uma viagem a reembolsar! Carolina, é horrível. Carolina, quando você se dobrava toda para ver o que tinha nas lixeiras, pelo menos não havia ninguém no seu calcanhar para ter certeza de que você estava curvada, sorte sua, você sabe! Quando volto para casa, ainda não é hora de dormir! Tenho filhos para educar, dar umas boas palmadas, alimentar e amar. Felizmente, isso me faz esquecer a patroa.

5 de junho de 1962

Hoje consegui adicionar algumas páginas ao livro que tinha deixado pendente. Isso porque, ontem à noite, enquanto estava sentada na garupa da motocicleta do meu marido, que me trazia de volta da cidade, ele deu uma risada e disse:

"Então, está tudo certo com o seu livro, ele é bem fininho! Dei uma olhada nele de tarde: cinquenta páginas! Você é engraçada!"

No início, é claro que *O morro dos ventos uivantes* era um livro bem fininho. Fiquei tão exasperada que jurei terminar esse famigerado *Reino desvanecido* custe o que custar. Tenho certeza, Carolina, de que ninguém zombava de você.

Pentecostes de 1962

As tardes na casa onde trabalho são terríveis. A patroa está ficando cada vez mais irritadiça. Queria tanto dois dias inteiros de folga! Mas os dias que tenho são estes, e aproveito o máximo que posso. Eu, filha do vento e dos espaços abertos, sou forçada a girar em círculos em um grande apartamento de persianas fechadas. Quando entro nos quartos das meninas, a náusea me invade, corro para as janelas para abrir tudo, caso a dona da casa não esteja à espreita — ela odeia a luz do sol. Nessas horas, penso apenas no mistral que poderia soprar, purificando essa residência abafada. Passo o aspirador e me sinto enjoada, a náusea toma conta de mim depois de respirar aquela mistura de cheiros, perfume, suor, cozinha. O meu momento de desforra é pegar o caminho mais longo de volta para casa: a subida até o meu subúrbio, dez quilômetros de estrada a percorrer, passando por canteiros floridos. Volto para casa feliz, mas feliz de verdade, muito mais do que se tivesse ficado um dia inteiro ralando em um ateliê qualquer de costura. As poucas horas que passo na rua me fazem apreciar onde vivo, e fico contente em retornar! Embora tenha que fazer horas extras para recuperar o tempo perdido. Inverno e verão, a brisa do bom Deus sempre encontra um jeitinho para entrar na minha morada. Gosto de faxinar com grandes baldes de água fresca, de deixar as peças cheirando a capim-cidreira. Se fosse rica, evitaria as cortinas que acumulam poeira e os imóveis de dois andares nas avenidas movimentadas. Eu teria uma casa ensolarada no campo, longe do barulho dos motores, ouviria o vento cantar nas árvores altas, que não faltariam ao redor.

Mas sou faxineira. Carolina, ando de um lado para outro entre o fedor das meias, da cera de assoalho e dos produtos para remover odores; entre livros que nem sequer teremos tempo para ler e meninas que desconhecem as piscinas públicas e as caminhadas.

Ao chegar em casa ainda sob o impacto da falta de ventilação, digo às crianças: "Vamos, depressa, respirem", e abro minha casa para que o sol entre por todos os lados. O mais penoso para uma faxineira, eu acho, é o cheiro da vida dos outros. Apesar do cansaço, aproveito o sol, perto de uma janela, depois de ter cozinhado para a família, e penso em você. Consigo vê-la, um lenço prendendo os cabelos, pregando as tábuas do seu barraco, e fico motivada. As crianças continuam a surrupiar meus lápis, mas o livro está avançando.

Terminei o primeiro caderno e estou exultante; Carolina, saber reunir palavras, montar frases e poder lê-las, ainda que o escrito esteja em crioulo ou javanês! Sinto uma incrível sensação de alívio. O que estou fazendo não é fácil: há sempre um dos meninos resmungando ao meu redor, enquanto outro ri. Entre os meus filhos, dois me apoiam: examinaram as páginas e arrancaram duas folhas que tinham achado interessantes, "para ler na cama". Minha filha achou as páginas brancas do meu novo caderno ideais para desenhar. Fiquei furiosa e disse a todos que, caso faltasse papel para escrever, ou trechos da minha história, aquilo nunca seria um livro; depois disso, eles se limitaram a rodear as minhas páginas brancas ou já escritas, mas não ousaram mais tocá-las.

Até identifico um avanço sutil no meu marido: ele ri menos, me chama de "minha escritora". "Minha escritora! Me dê as minhas meias!", "Minha escritora, faz um bolo para nós?". Deixo a caneta de lado e vou fazer o bolo. Mas quando ele sai de manhã cedo e meus apoiadores ainda estão dormindo, minha filha sonhando com desenhos ainda nem esboçados, me alegro: somente a coruja do velho pinheiro perturba o silêncio, estou no meu hábitat natural. Talvez o ideal seja ditar os pensamentos a secretárias e contar com as sugestões de conselheiros; entretanto, como seria menos prazeroso!

24 de junho de 1962

Agora passou de todos os limites! A jovem da minha terra ainda está aos prantos. Domingo, fui vê-la, fazia tempo que ela parecia me evitar, eu tinha que tirar isso a limpo! Subi a ladeira que leva ao casarão dos "seus senhores". Acabei por encontrá-la numa horta de alfaces, o joelho enfaixado com atadura. Chamei:

— Yolande! O que a senhora está fazendo aí?

Nunca a tratei por "você" porque queria conscientizá-la de quem ela era. Na casa onde trabalha, todo mundo fala com ela por meio de gírias e a trata por "você", até a menina de sete anos, até a avó velhinha.

— Yolande, hoje, domingo, o que a senhora está fazendo com essa enxada?

— Estou doente, tenho reumatismo no joelho, todos foram para o campo.

— E quem cuida da senhora então?

— Ninguém. Comprei uma pomada na farmácia. A patroa disse que ainda não tenho direito ao sistema de saúde, e não é com os setenta francos que ganho por mês que vou conseguir pagar um médico.

Peguei a enxada das mãos de Yolande e perguntei:

— Por que está fazendo isso, já que tem um problema no joelho?

— A patroa disse que sou uma empregada faz-tudo! Cuido até da horta!

— Yolande, por que não vem mais nos visitar?

— A patroa disse que, depois que comecei a ver a senhora, fiquei mais exigente; que foi a senhora quem me fez perguntar a ela como pensava aquecer o meu quarto perto da garagem no inverno! Não tem a ver com a senhora, mas lá está fazendo frio agora, imagina no inverno!

— A patroa disse... a patroa disse! Pois é, ela continuará dizendo. Em primeiro lugar, a senhora vai consultar um médico; em segundo lugar, irei falar com ela; por fim, é preciso acordar! A senhora não é obrigada a ficar aqui porque alguém lhe pagou a viagem!

— Mas o que vou fazer?

— A senhora irá a uma agência de emprego, e a agência encontrará algo. Se quiser voltar a trabalhar, exija ser regularizada para ter direito à seguridade social!

Yolande tinha medo das pessoas, medo da sua sombra, medo dos brancos, como nos áureos tempos da escravidão.

Carolina, minha velha amiga, encontrei a patroa da Yolande, uma ruiva salpicada de pontinhos de chocolate, uma verdadeira onça-pintada! Fui logo dizendo:

— Senhora, vim buscar a Yolande para levá-la a um médico; me passe a inscrição dela no sistema de seguridade social.

Ela respondeu:

— Está em andamento! Mas posso chamar o médico da minha família.

— Não, o médico que ela escolher! Ela não pode viver com setenta francos por mês; ela tem dois filhos que estão morrendo de fome lá de onde ela veio. Vai ser assim ainda por muito tempo? A inspeção do trabalho vale para ela também, a senhora sabe disso!

— O que é isso! Por que a senhora está se metendo onde não foi chamada? Além do mais, quem é a senhora?

Respondi:

— Uma negra indignada, não dá para ver? Por acaso a Yolande veio a sua casa para cuidar da horta? Onde a senhora aprendeu esse tipo de coisa?

Aliás, as mulheres europeias não aprendem esse tipo de coisa; o instinto de dominação desperta quando elas encontram um elemento que lhes convém. Continuei:

— Yolande está deixando o emprego! Só para chegar ao serviço ela leva uma hora todos os dias.

A senhora sobressaltou-se:

— Ela não vai a lugar nenhum, ela me deve dinheiro.

— Ela está indo embora, e vai lhe pagar, porém trabalhando fora daqui! A senhora não fez contrato, mas ela pode fazer uma confissão de dívida. Quanto ela ainda deve à senhora?

— Não calculei.

Yolande se vestiu rapidamente e, mancando, me seguiu; seu rosto estava radiante. Podia enfim cogitar que sua servidão teria um fim.

26 de junho

Minha patroa tem se retraído cada vez mais. Após um golpe baixo que teria desorientado qualquer pessoa, menos eu, ela passou a me ver alegre como no primeiro dia; abasteço-me de otimismo em casa e continuo a minha experiência. Além do mais, recebo o suficiente para pagar as minhas despesas, uma mulher tem disso, pequenas despesas! Esta semana ganhei cinquenta francos pelas tardes de trabalho; me pagaram no sábado e hoje, segunda, só me restam dois francos. Quando levar um franco de pirulitos para casa, terei que deduzir do orçamento familiar para comprar minhas passagens. E quem liga para um porta-moedas vazio quando se pode deixar felizes aqueles que estão à sua volta, e além do mais, meus filhos estão saudáveis. Isso vale todo o ouro do mundo! É por isso que esqueço a patroa assim que deixo a sua casa.

As pessoas ficam surpresas de não me ver por perto na saída da escola; imaginam que meus meninos voltam sozinhos. Tenho fé na minha raça, acredito que nunca estão sozinhos, nunca estarão. No ônibus que me leva até o aspirador da minha patroa, invoco o Espírito Santo, e Ele os protege. Se meus filhos voltam antes de mim, sempre acontece algo errado, é óbvio, cadeiras de cabeça para baixo, torneiras abertas, mas não é normal? Eu os repreendo só da boca para fora.

30 de junho de 1962

Carolina, dizem que o futuro é dos que cedo madrugam. Sempre me levantei cedo, porque o pobre levantar cedo não é uma questão de futuro, mas de presente. Se meus pés, Carolina, estão inchados depois de uma tarde passando roupa, tenho que massageá-los imediatamente, amanhã preciso deles para subir a escada: há dezenas de janelas para deixar brilhando. E, acima de tudo, é preciso que eu esteja em boas condições para subir os oito andares até o apartamento: o elevador está enguiçado. O futuro para você, como para mim, é uma questão da ordem do dia. A patroa notou a minha satisfação em deixar que o ar e o mistral de Notre-Dame de la Garde purificassem a atmosfera daquela alcova. Ela então fechou hermeticamente todas as persianas. No vestíbulo, o termômetro marca trinta graus — e estamos falando da sala mais fresca do apartamento. Ela acendeu as lâmpadas fluorescentes. Eu suava enquanto passava a vassoura e o esfregão. O suor pingava da minha testa, invadia as pálpebras; com a mão, tratei de enxugá-lo. Considerei o gesto indigno. Atirei tudo no chão. E fui pegar meu lenço na bolsa. A madame, deitada em uma poltrona, perto de um ventilador, me disse: "Então, a senhora acha que está quente? Mas na sua terra natal é pior ainda e nunca para". Apoiada na vassoura, falei da imensa sombra espalhada pelas mangueiras, do frescor trazido pelos ventos alísios e das janelas abertas para abrigá-los, das persianas aspirando o ar, dos rios, dos banhos de mar. Ela me escutou atentamente, depois franziu a testa. Disse a mim mesma que o momento de partir tinha chegado. Em seguida, fiquei com dó dela. As meninas da casa foram reprovadas nos exames. Neste momento, vi a patroa como qualquer outra mãe. Ela passou dias de angústia aguardando os resultados daquelas famosas provas do ensino médio, depois veio a tristeza e a decepção de ver suas crias voltarem de mãos abanando. A tristeza por causa da família, a decepção por causa do orgulho: ela já havia falado com suas amigas sobre a festa surpresa que faria em casa se as filhas atingissem os objetivos. Quando se é mimado pela vida, como não se tornar alguém orgulhoso? Quis

18

dizer uma palavra gentil, receava parecer atrapalhada. Encolhida nos meus pensamentos, eu a observei encolhida na poltrona, e fiquei calada.

4 de julho de 1962

Ontem, a senhora saiu, e eu fiquei sozinha. Dois homens de
uniforme azul tocaram a campainha. Um carregava um pacote
numa caixa, outro tinha uma ferramenta na mão. Quando me
viram, pareceram surpresos. A visão do pacote me fez pensar
no explosivo plástico que se vê por todo lado agora. Eu disse
então: "O que os senhores querem?". O sujeito do martelo respondeu: "Vim instalar grades no banheiro". Eu não tinha o que
dizer, mas mesmo assim retruquei: "Não é aqui". O sujeito
insistia: "É aqui, sim, chame a dona da casa para mim!".

Com medo do pacote que ele carregava debaixo do braço,
eu disse: "Eu sou a dona! Se é explosivo que vocês estão trazendo embaixo do braço, vocês se enganaram de edifício e de
moradora. E sobretudo não deixem esse pacote aqui, que eu
o jogo de volta na cara de vocês". O que o medo não nos faz
dizer ou fazer!

Eles começaram a rir alto: "A senhora não pediu explicações,
mas já instalamos grades em todos os andares. No ano passado,
ladrões passaram pelo pátio; então foram tomadas as devidas
precauções. Enquanto estamos aqui, passamos para ver se lhe
interessa! A senhora não quer fazer a mesma coisa?". Um pouco
mais tranquila, respondi: "Não, eu não quero fazer a mesma
coisa! Podem ir embora!".

Eles se dirigiram até o elevador: "Ainda assim, a senhora
poderia ter sido educada!".

Nem cinco minutos tinham se passado antes que a voz da
patroa, em alto e bom som, chamasse a minha atenção: "Mas
quem ela pensa que é!". A patroa trazia os homens de volta.

"Por que não lhes disse para esperar?". Retorqui: "E se eles trouxessem uma bomba para cá, com tudo o que está acontecendo agora?". Mais uma vez, ela me achou esquisita e não respondeu nada.

8 de julho

Da minha terra recebi uma carta e recortes de jornais: era minha mãe me contando sobre o acidente com um Boeing em Pointe-à-Pitre. Mãe é mãe! Ela não quer que eu esqueça, fica falando sobre os acontecimentos mais irrelevantes possíveis da nossa terra: há anos ela mantém o meu coração aceso, e agora, enquanto procuro no porão as malas da patroa, que se prepara para tirar férias, é como se o vento alísio refrescasse todo o cheiro insosso que emana deste antro bolorento. Pensar na minha terra sem porões aquece o meu coração! Arrasto um caixote cheio de garrafas, e lembranças de outrora não saem da minha cabeça: pelo menos assim as horas vão passar mais rápido hoje. Quando penso, esqueço os lugares e as pessoas ao meu redor, possuo um universo próprio, sou um robô, trabalho três vezes mais do que o normal, mas são apenas os braços que se movem, a mente está em outro lugar. Não saberia dizer quantas vezes fui e voltei do porão para o apartamento! Ao sair do elevador, a voz do patrão me tirou do transe; ele dizia à esposa:

"Admita que eu tirei a sorte grande, não é sempre que você tem uma faxineira assim. Não é sempre que eu a vejo na labuta, mas ela dá duro mesmo!"

A senhora replicou:

"Essas mulheres têm isso no sangue!"

Finalmente, Carolina, um depoimento que não fala de negros cochilando, um espanador sobre as pernas!

2

17 de julho de 1962

Com um ar culpado, meu patrão, antes de sair, entrou na despensa e colocou, no pequeno armário dos produtos de limpeza, uma grande caixa de chocolates: "Isso é para a senhora, para seus filhos. Volte em setembro, a minha esposa ficará contente". Mas a patroa não ousou me dizer isso diretamente; foi tantas vezes arrogante comigo que imagina que eu não quero voltar. Pois bem: há um elemento no grupo digno de interesse. Será que vou voltar?

10 de agosto de 1962

Faz um mês que parei de escrever, de falar com você, Carolina, porque meu primogênito riu, ele me disse, com sua lógica infantil, que era ridículo escrever para uma pessoa que jamais vai me ler. Sei disso, repetia para mim mesma, bem baixinho, mas naquele momento ele me disse em alto e bom som, tanto que seus irmãos repetiram em coro: "Pois é! Por que você conta coisas para a Carolina? Ela não fala francês". Nós não falamos o mesmo idioma, é verdade, mas o do nosso coração é o mesmo, e faz bem se encontrar em algum lugar, naquele lugar onde nossas almas se cruzam. Hoje, recuperei a paz de espírito e converso com você, me sinto descansada. No livro *Imitação de Cristo*, destaquei um pensamento: "A glória do homem virtuoso é o testemunho da boa consciência": está escrito no começo do sexto capítulo. Essa consciência tranquila, contudo, não consigo ter, não com facilidade. A vida me deixa em estado constante de revolta, e não é por causa de Deus, mas dos homens. A patroa foi com sua família praticar esqui aquático, mas antes ela não comeu quase nada para entrar em forma! Ela provou seu biquíni na minha frente, eu vi umas gordurinhas que saíam daqui e dali, apesar de tudo. Quando se está na idade das gordurinhas e bem de saúde, por que tornar a própria vida um inferno para perdê-las? Ela partiu debilitada e acreditando ter voltado à boa forma. As garotas me disseram daquele jeito de sempre "Bom dia! Boa noite!", e sumiram dentro do seu Citroën ID.

Voltei para o meu lar e para a criançada! Três meses de remendos estavam à minha espera, além de uma bela faxina em casa: já era o bastante para preencher as férias. Mas não deu! Meu mundo veio abaixo. O meu Jean-Marc, que estava brincando do lado de fora, voltou com o rosto torto. Quando falava, ele parecia fazer uma careta; pedi que ele falasse direito, ele me lançou um olhar desesperado. Percebi que não estava brincando, algo sério tinha acontecido. Fui ao médico, de avental e tudo. Ele me encaminhou imediatamente a um especialista. Peguei correndo um táxi em direção ao consultório desse doutor. Lá chegando, o médico pediu que meu filho assobiasse, olhasse para o teto, depois para o chão, movesse os músculos do rosto, provocando uma careta horrorosa. Foi diagnosticada paralisia facial de causa desconhecida. Meu filho necessitava ser levado ao maior hospital de Marselha.

Um hospital é algo maravilhoso! Mas a hierarquia toda que há nele geralmente o transforma na antecâmara do inferno. Minha pobre Carolina! Fui embora com meu menino, apreensiva com a ideia de que ele poderia ficar lá. O médico plantonista me disse:

— Não se preocupe, deve ser uma forma de poliomielite!

A simples menção a essa doença terrível me deixou de cabelo em pé. E logo começou uma série de exames.

Com uma voz angustiada, perguntei ao meu garoto se ele se sentia bem; ele disse que não, e achei que sua boca crispada estava ainda mais deformada, seus olhos minguados. O especialista desapareceu. De forma exaltada, uma enfermeira me disse:

— Depressa! Pegue o sangue do seu filho e leve com este bilhete à Faculdade de Medicina, lá procure pela sra. X...

Peguei meu filho, que felizmente não havia sido hospitalizado, e pulei para dentro de um táxi.

A faculdade triste e deserta durante as férias era desoladora. Perguntava a mim mesma em qual porta entrar no grande hall. Havia muitas, e todas eram iguais. Saltei os poucos degraus que ali havia. Alguns homens de branco circulavam naquele espaço. Precipitei-me na direção de um deles e disse:

— A sra. X... por favor, é para uma série de exames, é urgente.

O outro respondeu:

— Exames? Aqui não, aqui é uma faculdade — disse ele com ar arrogante.

Eu insisti:

— Mas está escrito no papel! — e saquei a folha que a enfermeira tinha me dado. Ele ajeitou os óculos, examinou o documento e foi consultar um médico plantonista:

— Pode ser aqui? — perguntou.

O homem que ele tinha procurado disse:

— Talvez! Pegue a primeira escada, é no terceiro andar.

Continuava a perguntar ao meu filho como ele se sentia. Ele dizia:

— Estou bem, está tudo bem.

Ele andava atrás de mim sem dar sinais de cansaço. No terceiro andar, o hall era tão impressionante quanto no térreo. Entre os laboratórios fechados, salas de estudo vazias abrigavam apenas grandes bancos maciços e envernizados, como se fossem vigias imóveis. Jean-Marc soletrava cada palavra inscrita nas portas fechadas, palavras terminadas em "gia"; em outro contexto, aquilo poderia ter sido alvo da minha curiosidade. Mas naquele momento tudo parecia sinistro, até mesmo o ruído dos nossos passos ecoando nos corredores intermináveis. Meu filho parou em frente a uma porta e leu: "Anfiteatro".

— Deve ser aqui — ele disse, apontando o dedo. Um arrepio fez meu corpo tremer de cima a baixo, e tratei de tirar o menino dali.

Eu tinha andado de ponta a ponta os duzentos metros de corredores do terceiro andar sem encontrar vivalma. Voltei para o local onde estavam os homens de branco.

— Não há ninguém lá em cima — eu disse —, e é uma emergência. O meu menino pode estar com poliomielite, os exames são urgentes, e ele precisa descansar. Saímos de casa de manhã cedo, o frasco de sangue está esquentando na minha bolsa.

Um deles respondeu:

— É preciso voltar ao hospital e pedir mais informações sobre onde a senhora quer ir!

Nesse exato momento, Jean-Marc me disse que estava cansado, e vi seu rostinho mais abatido que antes. Quase aos gritos, eu disse:

— Mas é um absurdo, é quase meio-dia! O doutor e as pessoas que me mandaram para cá já vão ter ido embora, olhe o meu menino! Não posso mais fazê-lo andar nesse sol! E a bendita solidariedade humana existe apenas na tevê e no cinema?

Minha revolta mexeu com um deles. Ele pediu que eu esperasse e foi até um telefone, disse algumas palavras e fez sinal com a mão para que o seguisse: no final do corredor, uma mulher jovem, bonita, morena e sorridente apareceu. É bom um sorriso depois de tanto tempo vendo rostos hostis ou tensos de pessoas que só pensam na hora de ir embora. Aquele sorriso, Carolina, tocou fundo meu coração, e toda a agitação da minha mente apreensiva se acalmou. A mulher de branco se impunha pela calma. Expliquei-lhe o que queria, e ela respondeu com uma voz ponderada:

— A senhora perdeu tempo! De fato é para mim: eles deveriam ter me telefonado antes! Em quinze dias, os resultados serão comunicados ao seu médico; continue com as vitaminas e espere! Vai dar tudo certo!

Agradeci e olhei para o rosto torto do meu filho, me senti abandonada pelos homens. Fiz um sinal e disse: "Que seja feita a vontade de Deus". Jean-Marc repetiu meu gesto e minhas palavras. Ao entrar no táxi que deveria nos levar de volta para casa, ouvi o seu murmúrio: "Que seja feita a vontade de Deus".

Minha velha Carolina, após um medo tão grande, me senti regenerada ao pronunciar essas palavras, perfeitas para a minha alma de mulher negra, e um outro eu havia substituído aquele que minutos antes se desesperava por tudo. Trata-se da resignação, dom que Deus dá aos infelizes. Ela impede a revolta, os atos e as palavras impróprios.

No fundo do táxi havia uma revista esquecida por um cliente; eu a folheei e parei ao ver as fotos de Marilyn, que acabara de se suicidar. Se ela tivesse conhecido a fé ou a resignação — ela precisava apenas levantar o mindinho para ter à sua disposição todos os especialistas da Terra —, não teria se matado. Fiquei arrepiada só de pensar nisso, e entrei em casa com o meu menino, umas injeções de vitaminas e repetindo maquinalmente: "Que seja feita a vossa vontade".

11 de agosto

Carolina, você sabe o que acontece? Tenho um público atento que me pergunta sobre a continuação do meu livro: minhas crianças! Eles me leem! Riem! Exclamam! Tenho que fazer alguma coisa enquanto espero que o tratamento de Jean-Marc funcione: então escrevo, o doutor vem de dois em dois dias, incitando o menino a fazer caretas e me encorajando. Para ajudar meu filho a ficar tranquilo, faço um grande esforço, a promessa de um novo capítulo ainda durante o dia faz o tempo passar mais rápido para ele e o encanta: ele se aproxima de mim e pergunta: "O que você está escrevendo? Lê para mim!". Eu leio, ele pede a continuação, e sou obrigada a continuar, a tal ponto que o que escrevo ganha forma, meu marido não diz mais que o manuscrito é muito fino; até me empresta suas canetas esferográficas, e isso não é pouca coisa vindo dele! Os outros membros da família corrigem, quando podem, os erros de ortografia. Tudo teria sido encorajador se nesta semana, no rádio, eu não tivesse ouvido um escritor profissional contar que precisa de três anos para finalizar um livro, fazendo só isso da vida! Se começo a trabalhar no manuscrito, fico cansada com os pensamentos rodando sem parar na minha cabeça. Tudo muda conforme a ocasião, e as ideias de ontem mudam de forma de acordo com o local ou a hora, só é preciso colocá-las no papel. Entretanto, eu deveria ter relido o que escrevi enquanto descascava os legumes.

20 de agosto

Renélise quer descansar um pouco, e sua patroa lhe pediu para encontrar uma substituta por dez dias. Então ela veio me visitar, toda graciosa, toda delicada com seus olhos de ébano e suas longas tranças, dispostas como uma coroa. Se ela não se penteasse assim, seria um "arraso". É claro, ela me falou de Fort-de-France, de seus parentes, a quem envia algum dinheiro no final de cada mês. "Se estivesse na fábrica de tâmaras ou de anchovas, precisaria pagar meu quarto, a alimentação, e tudo mais... Ao passo que trabalhando na casa de alguém, na da minha patroa pelo menos, consigo economizar dinheiro; minha patroa me dá sempre um pouco mais, já que eu acabo fazendo uns trabalhos extras."

Concordei em substituir Renélise por dez dias, ela me falou tão bem dessa patroa que me apresentei cheia de boas intenções. Logo entendi que seu marido estava em tratamento em Vichy e que ela ficava no vaivém entre Carry le Rouet e Marselha, só para passar um tempo com ele. Ela disse a um jovem, surpreso por me encontrar ali naquela manhã, uma vassoura nas mãos:

"Essa é a senhora que substituirá Renélise por dez dias."

Virando-se para mim, ela acrescentou:

"Este é o sobrinho do meu marido!"

A patroa é magra e tem uma aparência de quem pratica esportes: cabelos negros com um corte reto, o que lhe confere um ar sério. Logo me deixou os tapetes e a vassoura, partindo com seu sobrinho. Ao voltar, perguntou se eu tinha achado o sobrinho gentil! Respondi que não tinha prestado atenção.

22 de agosto

Aquela senhora não se preocupa com a faxina: com ela, não há tapete a ser limpo dez vezes seguidas, tenho que lhe dizer onde estão os objetos mais banais. Eu, que estou na casa não faz dois dias, fiquei constrangida. Para se desculpar, ela me disse:

"Peguei o hábito de deixar tudo aos cuidados de Renélise, entende?", e recomeçou a falar do sobrinho do patrão.

24 de agosto de 1962

Levei meus filhos ao zoológico para que se divertissem um pouco. Como em todas as tardes, quando saio, Jean-Marc fica com o pai, recém-chegado do trabalho. Ele também gostaria de aproveitar o passeio: os músculos do seu rosto voltaram ao lugar, somente o seu sorriso deixa entrever um risinho de canto de boca anormal, provando que ele não está completamente curado. Mas os outros, Carolina, precisavam dar uma volta. Eles se precipitaram pelas alamedas do zoológico e, talvez pela vigésima vez, ficaram extasiados diante dos leões já envelhecidos, diante do urso-polar tão desgrenhado e de um velho animal, semelhante a um hipopótamo, que estava mergulhado na água morna da lagoa, boa somente para os patos. O passeio os deixou com sede, e eles invadiram, após a caminhada, as magníficas sombras dos plátanos bem cuidados. Lá se encontram os quiosques. Nos bancos, na verdade por toda parte, os namorados se beijam, acreditando estarem sozinhos no mundo. Não os observo, é tão normal na Europa, as pessoas fazem sexo em qualquer lugar, e aquilo não me surpreenderia se meus olhos cabisbaixos não tivessem reconhecido os sapatos brancos da patroa cuja casa eu tinha limpado tão bem ontem. Meu olhar deixou os calçados e seguiu o resto da silhueta que eu enfim reconhecia. Estavam lá a patroa e o sobrinho do patrão, num abraço carinhoso. Depressa peguei os meninos e saí dali, desejando não ter sido vista por ela.

25 de agosto

Ela tinha me visto! Perguntou o que eu achava do sobrinho do patrão! Eu respondi: "Ele tem um jeito de idiota". Não é verdade! Ele está mais para Johnny Hallyday! Mas eu não conseguia me controlar, eu via o patrão suando e ofegante nas saunas a vapor (foi ela que me contou), enquanto o sobrinho, responsável apenas por colocar a correspondência no correio, apalpava sua esposa. Quando disse que ele tinha um jeito de idiota, a mulher pareceu escandalizada, virou-se e me jogou na cara, no momento em que eu saía, que Renélise trabalhava melhor. Nessa mesma noite escrevi para Renélise encurtar a sua folga, pois eu iria dar o fora daquela casa.

28 de agosto

Renélise voltou de noite: contei o que tinha visto e como a patroa estava "de mau humor" havia dois dias; ela riu e me confidenciou que estava a par fazia muito tempo, que até passava os recados entre os amantes quando o patrão estava lá. Ela era a confidente fiel e assalariada. Ela chegou a me dizer que era melhor que a patroa estivesse envenenada com sua vida dupla, que tudo isso lhe era indiferente. Eu disse: "Ainda assim, e o patrão?".

Ela respondeu: "Um porco velho, que vive atrás de mim!".

Estou feliz de deixar essa casa.

1º de setembro

Vou substituir alguém numa casa enorme até o dia 15. A patroa dessa casa não faz muita sombra, levanta a cabeça para me ver, sempre com os seus saltos incríveis, ela é *pied-noir** e gentil. Tal como o marido, ela é professora, é exuberante e suas palavras são como ondulações harmoniosas! Ele é discreto e tranquilo. Noto que os patrões são sempre melhores que as patroas, esses dois têm um jeito de se completar, é melhor assim. Eles têm quatro meninas! Jovens de um a onze anos. Seus quartos são um depósito de tralha! Quando entrei neles, gritei de susto. Jeans pendurados no cabide dos casacos, roupas sujas no chão e sapatos nas mesas de cabeceira. Nos armários, caixas de bombons vazias; frascos de perfume cobrindo as estantes da enorme biblioteca. Se tivessem me dado tempo para desenvolver o meu potencial "ao máximo", começaria dando um bom par de bofetadas nessas menininhas indisciplinadas e trataria de organizar aquele espaço, centímetro por centímetro.

* Referência aos cidadãos franceses que nasceram na Argélia e, por extensão, no norte da África.

Mas há coisas demais a serem feitas em três horas, e eu, atordoada, fico observando as princesinhas.

O patrão e a patroa nunca estão presentes, e as meninas to-
mam conta do picadeiro: elas entram e saem sem pedir licença,
trazendo suas amigas a tiracolo.

Carolina, que experiência estou fazendo! Tinha lido num jornal que precisavam de uma datilógrafa para uma vaga tempo-
rária. Eu me apresentei, mas a diretora do escritório disse que
o lugar não estava mais disponível. Ela olhava para mim com
espanto, percebi que minha pele a tinha surpreendido. É assim, infelizmente, no interior: você se apresenta dizendo que
pode redigir corretamente uma correspondência comercial ou
administrativa, e lhe é dito que procuram uma pessoa expe-
riente. Você diz que tem experiência de sobra e que, por causa
da responsabilidade inerente à cor da sua pele, você é perfec-
cionista com o trabalho, você sabe do que estou falando! Ninguém pode ter a chance de dizer que aquelas negras são uma
nulidade, seja no que for. O que tem que ser feito tem que ser
bem-feito, em benefício de todas as outras negras do mundo
inteiro. Então nos dizem para voltar outro dia, ou que "entraremos em contato". Então você fica de saco cheio e parte para
uma agência de emprego para faxineiras se você tem urgência
em garantir o seu ganha-pão. Lá a atendente abrirá um sorriso:
a visão de uma morena vai deixá-la contente:

"Ah! Procurando trabalho? Não vá embora! Tem a dona Fulana, a dona Beltrana e a dona Sicrana que procuram pessoas
como a senhora."

Mas a atendente não chega a dizer "Elas gostariam de uma
negra", ela não se atreve. Ela nem pede referências, caso você
tenha a sorte de ser antilhana. As antilhanas, por atavismo, ren-
dem bastante. E você é empregada na casa da dona Fulana com
suas princesinhas, e você vai observá-las vivendo, sem inveja.

Para mim, o chefe da agência disse que não tem vaga sobrando, mas a atendente não se privou de me perguntar se eu conhecia uma pessoa interessada em trabalhar algumas horas na casa de uma família. "Sabe como é", ela acrescentou, "alguém como a senhora seria do agrado deles." Havia algo de indecente naquele pedido, mas, Carolina, o que a gente não faz nesta vida. Eu disse: "Estou livre por enquanto, até a volta às aulas. Eu irei!" Ela não identificou nada estranho na coisa toda e se apressou a passar o endereço dos seus amigos. E isso foi tudo!

8 de setembro

Não direi nada, pois o patrão e a patroa são corretos e inteligentes, não levantam o tom da voz, não ofendem, parecem assustados por ter tantas meninas estabanadas. A patroa me explicou que tinha duas empregadas árabes, lá na Argélia, que as filhas sempre tinham tudo de mão beijada, e agora...

16 de setembro

A sra. "Pouca Sombra" é simpática. Fiz hora extra para dar um jeito nos dois quartos das meninas. Coloquei uma etiqueta nos lugares exatos onde elas deveriam guardar cada coisa: talvez elas arranquem tudo assim que eu for embora para sempre, mas me agradeceram com um sorriso. Salientei que não havia mais uma única pantufa junto às mesinhas de cabeceira e que seria bom que continuasse assim. Despedi-me da sra. "Pouca Sombra" e da sua família. Ela falou do seu pesar em me ver partir e me pediu para encontrar para ela "uma mulher como eu". Entendi que ela queria uma pessoa que dissesse "Sim, senhor", "Muito bem, senhora", "Perfeitamente, senhorita". Uma pessoa que nunca resmungasse. Só não faço isso porque odeio resmungões. Mas como achar uma sósia? Braços, sim, tem aos montes em Marselha, mas cabeças que dizem "Com certeza, senhora", embora por dentro cantarolem "Com certeza é ridículo", eu não acredito. Carolina, mesmo querendo ser desagradável com as patroas, eu me controlo, para o bem das minhas irmãs que chegam em barcos lotados para viver na França. Sim, minha velha, é assim mesmo! Desde que Martine Carol trouxe das Antilhas uma negra para cozinhar na sua casa, patroas de todo tipo aderiram à moda. Pagam a viagem para as meninas que desejam conhecer novos ares, e opa! Mulatas, *chabines*,* negras e cafuzas deixam a ilha e logo se veem com o aspirador na mão, primeira lição para entender como a banda toca por aqui. E elas ficam surpresas! Conheci Jeanne, ela está no prédio onde mora a sra. "Pouca Sombra"; foi trazida para cá, encontrei-a no elevador, uma grande cesta de frutas no braço. Ela me olhou com curiosidade, e perguntei em patoá o que estava fazendo ali. Ela disse que foi alojada no sótão. Ela me esperou na saída e me contou que, no seu emprego, toda a família estava fazendo regime. Para aquela garota rechonchuda acostumada a comer fruta-pão de dois quilos, os patrões oferecem duas alcachofras e um ovo, à noite. As alcachofras vão direto para o lixo, ela nunca conseguiu entender como alguém podia comer aquilo! Ao meio-dia, tem direito a um bife e quatro folhas de alface. Jeanne pegou na cintura, esticou-a e disse: "Olhe como emagreci, não tem nada para comer, tirando um pouco de pão".

Carolina, dessa vez me fiz de surda! Não estou aqui para tirar da lama todas as garotas que vou encontrando! Meus lábios murmuraram, mas na minha cabeça alguma coisa gritava: é o tráfico negreiro? É o tráfico que recomeça? Meu Deus, diga que estou exagerando! Meu Deus, diga a essas garotas que chegam em barcos abarrotados de gente em Le Havre, Cannes ou Marselha, "*Quo vadis?*". Diga-lhes isso, para apaziguar o meu espírito!

---

* Nas Antilhas, pessoa negra de pele clara.

3

17 de setembro

Enquanto escrevia as últimas frases, Carolina, encostada na máquina de lavar (é preciso encontrar um cantinho tranquilo), meu marido, desanimado, disse que o que eu escrevia seria um fiasco, que não era necessário falar de coisas que não me diziam respeito. Se ninguém não está nem aí para nada, a palavra "egoísmo" faz mais sentido do que nunca. Logo depois, comentou que eu folheio meu dicionário com muita frequência; segundo ele, os romancistas não necessitam de dicionário. Maldosamente, acrescentou: "Sua papelada é um papelão, um mamoeiro macho! Flores ao vento! Nunca dará frutos! Você tem que falar sobre lanchonetes e piscinas! Garotas bronzeadas tomando banho nas praias, as pessoas adoram isso! Quem vai se interessar por histórias de negros?". Eu poderia ter desanimado. Mas, Carolina, vejo você escrevendo à luz de vela, sem a presença de ninguém para lhe dizer que tipo de mamoeiro você é, me debruço então sobre uma nova página e a encho de realidade.

18 de setembro

As crianças voltaram à escola; elas ainda estão na excitação do início das aulas: novas mochilas e aventais, calçados brilhantes, novas professoras, toda a felicidade que lhes é característica e que forjamos com nosso suor. Minha antiga patroa me enviou um bilhete, ela voltou das férias, e seu marido, que tinha me dado uma grande caixa de chocolate, acrescentou: "Gostaríamos de tê-la de novo conosco". Tinha jurado ficar tranquila em casa, mas um turno de trabalho não chega a dar medo, e a senhora ainda não me pagou alguns francos que me devia das férias, irei acertar isso.

25 de setembro de 62

Carolina, ô Carolina! Se você visse, a patroa foi maravilhosa durante dois dias e, em seguida, a delicada chuva de outono começou a irritá-la, pagar as férias que me devia também a irritou, ela acertou tudo e mudou de comportamento comigo, escondeu o aspirador de pó, suas vassouras estão todas gastas, e o assoalho ainda precisa estar reluzente! Ela ficou mais chata que antes. Aponta com o indicador sabichão as fendas, rastreia os menores grãos de poeira. Ela é um contador Geiger ambulante, fica imóvel diante do fogão, franze os olhos, recua a cabeça para ver se os botões do eletrodoméstico foram polidos como ela acha que deve ser. Faz quinze anos que é proprietária do apartamento, e há cantinhos que as domésticas brancas jamais visitaram. Ela me disse: "Pegue uma cadeira e suba lá no alto!". Felizmente mantive um pouco da minha flexibilidade, caso contrário já teria quebrado o pescoço. A filha mais velha foi para Paris, deixando a patroa triste, e ela tem uma tristeza nervosa. A outra que diz "Bom dia" de modo preguiçoso não saiu. Tem ainda o garoto mais novo, tão gentil, ele não fala mais comigo, alguém deve ter dito que já era bem grandinho para falar com as faxineiras. Quando está sozinho comigo, ele relaxa e volta a ser uma criança como uma das minhas, o que me faz esquecer as panelas da sua mãe. Eu disse que ela tem uma tristeza nervosa, ela não me dá mais tempo de trocar de roupa. Chego às duas horas, ela já espera na frente da porta.

"A senhora vai fazer tudo, por toda parte! Vai tirar esse negócio do meu redor!"

É uma loucura o que ela consegue acumular à sua volta em vinte e quatro horas!

29 de setembro

No pátio, seis andares abaixo, um tanque dormia em paz, a patroa olhou para os meus sessenta e oito quilos e queria que eu fizesse vaivéns entre o apartamento e o tanque, bacia de roupa debaixo dos braços! Nunca quando o patrão está lá. Eu poderia ter ido embora, mas, se saio, jamais vou saber até que ponto uma patroa pode ir diante de uma empregada negra. É melhor que seja eu quem constate isso, especialmente porque à noite, ao chegar em casa, posso cair na gargalhada com a minha família. Uma coisa é certa, o outono começa e a água já está mais fria, minha partida está relacionada ao barômetro; quando estiver quatro ou cinco graus perto do tanque, saberei que é hora de partir. Depois de lavar a louça na água fervente, deixo os braços imersos na água fria do tanque durante horas.

A patroa pensou que eu estava farta daquilo tudo, então me passou umas "coisas antigas", acreditando assim quitar a dívida comigo. Ela me vê como uma pessoa completamente ignorante, incapaz de reagir, mas acho que à noite ela tem dificuldade em dormir: seu subconsciente, na verdade! Por oito vezes subi os seis andares, pois não se pode molhar o elevador! Como você quer que ela durma, Carolina, com aquele pecado graúdo na consciência? Se contasse ao meu marido, ele gritaria comigo, e eu seria obrigada a interromper a minha experiência, só me resta ficar de boca fechada e aguentar o rojão.

O patrão jamais estando presente, é a patroa que reina absoluta sobre tudo que a rodeia. Suas filhas não ganham mesada. Nunca há nem um mísero pedaço de pão sobrando, nunca um pedaço de queijo a mais, como na minha casa. O caçula tem direito a dois quadradinhos de chocolate para o lanche, ele engole tudo de uma vez. Sei que ele ainda tem fome: quando sua mãe não está, eu dobro a sua ração, e o menino dá cambalhotas de alegria. Há uma diferença tão grande entre ela e a sra. "Pouca Sombra"! Aqui não temos o direito de beber um copo de água, uma faxineira não pode ficar com sede, não pode ter nenhuma necessidade natural, perderia cinco minutos.

12 de outubro de 1962

Pois é, me sinto tão cansada que não consigo escrever sem fazer um esforço. Entre o trabalho e a minha casa, percorro quilômetros de mobilete. Assim que sento na máquina e o mistral começa a fustigar meu rosto, a imagem da patroa desaparece. O outono deste ano é um dos mais belos que já vi, as folhas desistiram de amarelar; timidamente, como que contrariada, aqui e ali, uma delas se desprende e cai. Dirijo a cinquenta por hora, é uma injeção de ânimo para mim e, se não fosse por prudência, iria muito mais rápido!

Esquecer, esquecer, sentir o vento! Chegar em casa livre de todos os ressentimentos, com vontade de rir, e uma história para contar às crianças.

Mais rápido! Mais rápido! Anda! Acabo esquecendo ao final do quarto quilômetro, e a voz da prudência nessa hora grita: "Desacelera um pouco, sua maluca! Se continuar assim, você estará num hospital em breve, com uma tala em cada perna". O velocímetro descendo de quarenta e cinco para quarenta, depois para trinta e cinco e, quando estou em casa, recuperando o tempo perdido fora, apenas uma coisa me lembra a patroa: meus membros, que não aguentam mais.

14 de outubro

A patroa me perguntou se eu ia votar. "É preciso ir", ela me disse, "e dizer 'sim' ao referendo."* Pela primeira vez em muito tempo, ela falou comigo sobre algo diferente de vassouras e produtos para deixar o forno brilhando. Eu queria rir, pobre Carolina, pois já faz tempo que resolvi meu problema político em âmbito local. Foi a vendedora de peixe que resolveu a questão. Ela trabalha no mercado de Lacroix, só falou comigo em crioulo, é velha e se lembra de ter visto os barcos a vapor no Vieux Port. Na verdade, ela me recomendou pedir o título de eleitora ao sr. Defferre** e dizer o que eu pensava. Ela gosta de todo mundo, está indignada porque recentemente metralharam o chefe de Estado e não acha ruim o prefeito da cidade.***

No exato momento em que as mulheres têm o direito de votar, tem um monte de coisas acontecendo.

"Não desanime", ela disse, "um dia o número de mulheres na Câmara dos Deputados será tão grande quanto o daqueles homens que vivem trocando palavrões entre si, é preciso votar, caramba!" Cantarolei para ela:

"Sim, vamos lá, vamos lá, vamos lá."

A vendedora de peixe levou a mão à testa: "Caramba, a martinicana está pirando!". Ela estava realmente com dó de mim.

---

* Referendo apresentado pelo presidente Charles de Gaulle propondo a eleição presidencial por sufrágio universal, e não via assembleia de notáveis. ** Gaston Defferre (1910-86) foi prefeito de Marselha por 33 anos, até sua morte.   *** Referência ao atentado sofrido por De Gaulle em 22 de agosto de 1962.

16 de outubro de 1962

Ele veio! Lá estava ele, só se falava disso em Marselha! Tirei o dia de folga. Tinha que ver do que é feito um acadêmico! Peguei o ônibus em direção a Saint-Loup para chegar perto da escola que ele iria inaugurar. Por que não deixar a vassoura de lado e ver Marcel Pagnol? Todo mundo estava comentando em Marselha, foi o acontecimento do dia. No ônibus, um olhar carregado me incomodava, virei a cabeça e me vi diante de uma semelhante. Isso é comum e não teria me chamado a atenção se seu rosto não expressasse uma enorme tristeza? Aproveitei-me de uma parada do trólebus e perguntei quem ela era. Carolina, você sabe o que é o desespero e como uma palavra de simpatia pode nos encher de esperança. Senti que ela estava mais infeliz do que eu. Perguntei se estava doente. Ela contou que vinha das Antilhas, de Pointe-à-Pitre, tinha ouvido dizer que a filha estava rica, sendo que esta não lhe escrevia fazia quatro anos. Foi quando conseguiu seu endereço. Vendeu tudo, casebre e móveis. Chegou a Cannes. Entre despesas de viagem, táxi e hotel, gastou tudo o que tinha. Cheia de esperança, bateu no casarão de Saint Giniez, supostamente propriedade da filha. Ela a encontrou de avental azul, um lenço protegendo os cabelos. Pensou que se enganara! Ela não era cabeleireira em Pointe-à-Pitre? Na hora a filha disse que aquilo era o que tinha conseguido, por isso não escrevia. A mulher infeliz continuou:

"Eu a criei sozinha! Não sei o que a fez partir, nenhum salão de beleza a quis empregar, aliás, ela não tem diploma de curso técnico, ainda que tenha quinze anos de experiência! Agora ela é uma empregada faz-tudo! Não se pode visitá-la a qualquer hora, seus patrões não gostam! Contou aos marinheiros que tinha uma casa enorme, que era feliz, claro que os tinha convidado a passar por lá um dia que os patrões não estavam, fingiu ser a patroa! Eu acreditei e vim! Só me resta voltar. Faço faxina! Mas estou velha demais para levar essa vida! Tenho um quarto lá em La Valbarelle!"

Quando cheguei à escola, disseram-me que o sr. PAGNOL já havia entrado. Em frente ao portão, alguns curiosos ainda tentavam ver o que estava acontecendo. De qualquer forma, como isso teria me ajudado, Carolina? Fiquei consternada com a história da minha compatriota, meu entusiasmo tinha desmoronado.

28 de outubro de 62

Pois é, caso encerrado; decidi sair, a água do tanque atingiu uma temperatura suficiente para espantar os cães do bairro da patroa. Pedi as minhas contas, e a patroa pareceu mais entediada do que surpresa! Com a sua personalidade, ela deve ter ouvido muitas vezes as pessoas pedindo demissão. Nesta tarde, o ritual das bacias de roupa sendo transportadas pelos andares recomeçou, "economizando" a máquina de lavar roupa e o aquecedor de água, depois tinha os tapetes pesados para sacudir quatro andares acima, no terraço, "para economizar" o aspirador de pó. Foi então que, nos últimos dias, as escadas milagrosamente desapareceram. Para limpar as janelas, tinha que fazer proezas mirabolantes. Além disso, a partir do momento em que soube que determinada marca de detergente em pó descascava os meus dedos, ela comprou uma caixa inteira! Como agravante, seus dedos sabichões começaram a passear atrás dos aquecedores exatamente no momento em que já deixara toda a minha energia nas escadas, aquilo era pior do que uma linha de produção. E os lenços, auxiliares diretos da sinusite, que não devem ser esfregados com a escovinha destinada a esse fim, como faço na minha casa! E a minha raiva que se enchia de nojo ao fazer aquilo! E os quartos cheirando a mofo, que não são arejados antes da chegada da empregada, são detalhes que nunca esqueci, quando, mais tarde, tive a oportunidade de contratar alguém.

Lembrei-me de tudo isso quando fazia, pela sétima vez, o trajeto até o terraço para pegar os tapetes. O plano não era partir hoje, sabia apenas que a hora havia chegado, mas não tinha decidido o dia, tudo aconteceu por si só. Disse de uma vez só: "Senhora, estou indo embora!", e dobrei o avental. Ela respondeu: "Mas, afinal, a senhora está doente? O que há então? Me dê um tempo para pedir alguém à agência!". Agora tenho certeza de que partirei, dei-lhe todo o tempo que ela queria, contanto que eu não voltasse ao tanque. Ela aceitou o compromisso.

No entanto, Carolina, sou uma pessoa privilegiada, quando deixar a patroa e seus panos de pó, tenho um abrigo, uma família à minha espera e mais trabalho do que se pode imaginar. Na mesma hora tenho com que me entreter, o rancor não me consome. Como lamento as antilhanas que são forçadas a ficar vinte e quatro horas por dia com essas lunáticas a quem servem de cobaias! Muitas vezes nem devem ter coragem de comer!

30 de outubro

Pessoalmente, não fico triste com a maneira como a patroa me trata, ela é assim com todo mundo ao seu redor, em geral. Quando as crianças voltam do colégio e comem uma maçã a mais, toda a casa treme com o ataque de nervos da patroa. Hoje aconteceu de novo, a menina devorou um iogurte sem permissão. A patroa ficou louca de raiva.

É mais forte que eu! Na situação em que me encontro, não me custava nada dizer o que penso, gritei bem alto a sorte que ela tinha por ter uma garota que faz equações pensando, de vez em quando, nos iogurtes da geladeira, poderia ser bem pior!

A senhora não está acostumada a receber explicações de ninguém, me ouviu atônita, corou, franziu as sobrancelhas e teve a coragem de dizer que eu estava certa.

A menina que sempre me diz "Bom dia!" de um jeito preguiçoso me olhou com interesse e pareceu surpresa ao descobrir que eu sabia falar. Pela primeira vez, sorriu para mim.

31 de outubro

Nesta tarde, depois de pedir as minhas contas, passei as últimas horas na casa da patroa, ela foi compreensiva! O patrão esperou por mim e me disse para ficar; se fosse só por ele, teria permanecido para sempre, somente o vi sorridente e educado, capaz de atenuar os arroubos da esposa com palavras afáveis. Infelizmente, ele sai quando chego e vice-versa. A patroa ainda acha que é uma pena eu ir embora! Quem se ocupará da poeira atrás das portas das sacadas de cima e da esquerda? Não as mulheres europeias! Elas ameaçariam entrar na justiça! Quem vai arrastar os enormes tapetes nas escadas sem gritar como uma condenada? Teria preferido que ela fosse mais malvada ainda, para sair feliz. Mas não é que ela me ofereceu um banco enquanto eu limpava os calçados, de pé, como sempre faço? Pela primeira vez perguntou sobre os meus filhos: a patroa afinal me descobre, não como um robô, mas como um ser humano! Tarde demais! Talvez eu esteja um pouco para baixo, fico pensando, Carolina, que a vida na casa dos europeus que empregam negros poderia ser melhor. O menino disse que gostaria que eu ficasse, seu rostinho brilhando mexeu comigo. Queria bater a porta dizendo "Ufa!". O garoto está lá, tão simpático, que me faz esquecer o resto. E tem ainda o patrão! Diante da minha recusa em ficar na casa, ele me disse que era uma pena que eu fosse embora, mas que compreendia. Naturalmente, nunca lhe disse que sua esposa era uma chata. Não se diz esse tipo de coisa para pessoas de certa categoria, ele está acima disso.

No fundo, a patroa não deve ser tão horrível, mas ela se fazia de louca: na frente dos negros, as outras pessoas sempre querem se fazer de loucas, todo mundo sabe, mas ela passou dos limites. Não podia contar ao patrão como era difícil trabalhar ali por causa da personalidade instável da sua esposa. Falei então que estava doente, que estava cansada, que meus filhos precisavam de mim. Disse adeus, a patroa me olhou longamente, apertou a minha mão e parti. Assim terminou o meu passatempo na casa daquela senhora incomum.

4

2 de novembro de 1962

Carolina, tenho uma pequena pausa, aproveito a oportunidade para pôr em dia os meus "assuntos pessoais", por exemplo, os exames médicos das crianças. Há sempre exames a serem feitos nas famílias, há também as lojas a serem exploradas, o que está diretamente ligado aos sapatos dos rapazes, que furam depressa demais, ou às suas calças, que possuem a misteriosa habilidade de rasgarem na altura dos joelhos mais rápido do que se espera. Nesta manhã, arrastava comigo dois dos meninos para a segunda dose de uma vacina e, no ônibus que me trazia de volta para casa, perdi o caderno em que gostava de escrever para você. Isso aconteceu porque eu estava carregada de embrulhos e preocupada com a reação que a injeção poderia produzir. Ambos estavam bem, mas quem ia me impedir de perguntar o tempo todo: "Está se sentindo bem? Como você está?"

Estava tão absorta nos questionamentos a serem feitos que somente duas horas depois de chegar em casa percebi que minha bolsa havia sumido. Saí de novo para ir à garagem do bairro da RATVM, a empresa de transporte daqui, e penetrei no reino dos condutores de trólebus. Expliquei o meu caso e, educadamente, após consultar o indicador dos horários, um funcionário me pediu para voltar à tarde. Obedeci. Na hora marcada, apareci na sala triste e cinzenta onde, nos bancos de madeira, alguns motoristas estavam sentados e conversando.

Eles me questionaram, contei o quanto temia a perda de todos os documentos da minha família e o quanto esperava que um dos colegas deles tivesse encontrado a minha bolsa.

Atrás do mesmo guichê, o homem que estava de serviço naquele momento me tranquilizou: eles tinham uma bolsa, mas qual era a cor da minha e o que ela continha? Listei tudo, salientando que havia junto um caderno que me era caro. Ele sorriu e deu uma olhadela para um dos colegas. Fiquei constrangida, compreendi que ele não só tinha visto, mas provavelmente folheado o caderno. Asseverou então que precisava falar com o chefe da estação para me entregar a bolsa, que eu precisava voltar no dia seguinte.

6 de novembro de 1962

Voltei hoje de tarde e recuperei o que era meu. Os caras do guichê me olhavam com curiosidade: afinal, eles não tinham nada que ler o meu caderno e as minhas confidências.

8 de novembro

Estou com uma dor de garganta das brabas, que me obriga a ficar em casa. Repouso na cama. Mas não conheço muitas donas de casa que ficam na cama. Pessoalmente, me concedo o direito de ficar em casa com essa chuva que não para de cair. Mas há muito o que fazer aqui! Meus filhos estão crescendo, eles têm um jeito todo deles de abrir os braços para me mostrar que suas roupas estão curtas demais! Preciso aproveitar a doença para aumentar em alguns centímetros o comprimento das camisas.

Tem ainda a minha filha, que começou a dar bola para a aparência. Quando ela não gosta mais de um vestido, curva as costas ou fica na ponta dos pés: "Curto demais! Apertado demais!

Mãe!". Finjo que não vejo, que não ouço, mudo uma gola ou a cor de um botão, e ela fica satisfeita.

Hoje o meu menino mais velho, que é lobinho nos escoteiros e está se preparando para tirar o "seu certificado de primeiros socorros", pediu para deixá-lo cuidar de mim! Oh, Carolina, juro! Não é engraçado? Ele me preparou um chá de tília que ficou mais vermelho que as folhas de outono, depois massageou o meu pescoço com tanta força que fui obrigada a me vingar beliscando a sua mão. Já Jean-Marc me pediu para deixá-lo se incumbir da cozinha: "Não se mexa, eu sei o que estou fazendo". Seu cardápio era reduzido: batatas com casca e bife, como no acampamento; mas, quem diria, não tem como acender uma fogueira aqui, será preciso esperar pela chegada do pai para que os bifes não sejam transformados em solas de sapato. Eu disse: "Tudo bem em relação às batatas, mas não faça mais nada".

Sentado numa cadeira, meu cozinheiro se esforçava para acender o fogão, e o gás corria por baixo do seu nariz com um assobio sinistro que me tirou da cama. Mas que coisa! Tudo tem um começo, mas desse jeito não dá para ficar deitada.

12 de novembro de 1962

A dor de garganta vai de mal a pior! Nem tenho forças para combater a tristeza. Estar doente quando chove e faz frio não é bom para o moral. Meu marido é o motor, mas eu sou o "combustível", e quando não há mais combustível em casa, a engrenagem enferruja: onde moro, são cinco pares de pés para calçar, dez braços gelados para abraçar o meu pescoço, cinco cabeças que continuam a repousar no meu peito, embora eu force a barra para achá-los grandes demais e sabichões demais para isso. Meu colo é reconfortante quando, na saída da escola, meus filhos são chamados de chineses, de crioulos, de *pieds-noirs* ou de ciganos, dependendo do humor do menino com quem estão brigando. É a idade em que não há piedade, em que as crianças são cruéis. Devo persuadir os meus de que os chineses são gente boa, de que não é ruim ser *pied-noir* e que os crioulos, se não servissem para nada, o Bom Deus não teria dado uma alma aos seus corpos. Aproveito para dizer isso quando estão no meio do bando todo, que milagrosamente sossega e se manifesta, cada um tentando falar mais alto do que o outro: "Não sou eu! Não sou eu!". Quando estou doente, meus filhos ficam perdidos no meio desses jovens selvagens, tenho que me recuperar às pressas. Mas minha doença me permite escutar atentamente o rádio, e nesta noite ouvi uma mulher falando. Seu nome é Anna, ela acaba de receber um grande prêmio literário.* Sentindo-me culpada, deixei cair os meus rabiscos. Ela está radiante, todo mundo sente, estão impactados, coisa rara, deixam ela falar! Sua voz é um pranto cheio de vida, e dá vontade de dizer: "Fique tranquila, o mundo todo a está escutando e deseja amá-la de agora em diante". Minha pobre Carolina, não comprarei o livro dela, com certeza deve ser muito caro para o meu bolso, mas não tenho dúvida de que a escrita da Anna vale tanto quanto a sua voz. Ela está falando sobre os dias irreais da segunda guerra suja, e vejo mártires vestindo roupas púrpura, correndo para o purgatório sem passaporte e chegando ao céu com vestes agora brancas como a neve. Ao lado de todos que continuam a morrer desse jeito, aqueles dos nossos barracos e das nossas favelas que agonizam, mesmo sobre catres, são abençoados.

Ouvi então a voz do orador que falava dos padres mantendo conciliábulos, quis suplicar para que acrescentassem algumas linhas à litania dos santos: Dos campos da morte, livrai-nos, Senhor. Do racismo, de onde quer que venha, livrai-nos, Senhor.

---

* Provável referência à escritora Anna Langfus (1920-66), de origem polonesa, que em 1962 recebeu o prêmio Goncourt com o livro *Les Bagages de sable*.

Não é que tenha medo, mas, quando os holocaustos como o da Anna começam a falar, ficamos pensativos.

14 de novembro de 1962

Escutar! Que coisa maravilhosa! Coloco uma pastilha no fundo de um copo d'água, vou e volto para a cama, e as vozes difundidas pelo meu antigo rádio me seguem sem me atravancar, não tenho obrigação de ficar lá para "ver", faço o que quero, e minha imaginação vagueia livremente. Visto cada voz com a feição que mais me agrada, de acordo com o tom. Elas se tornaram tão familiares para mim que receio descobrir um dia que não pertencem a quem as atribuo. Vejo muito bem Stéphane Pizella de roupas de gala. Usando um monóculo, extremamente chique. Vejo Jean Nocher parecido com um diretor de escola pontual e sorridente, apesar do necessário decoro. Georges Delamare chega apressado, falando curto e grosso, já um pouco velho, sempre saindo para um encontro urgente. Para mim, são imagens que temo serem extintas pela televisão. E, sim, Carolina, aconteceu comigo! Em frente a uma vitrine da avenida Canebière, no centro de Marselha, dei uma olhada na tevê e vi um homem falando com uma voz que há anos pensava ser do Tarzan. Mas não, eu estava enganada. O senhorzinho de meia-idade, provavelmente com reumatismo, que lia a sua crônica aos telespectadores, era bastante simpático, mas tive a impressão de ficar frustrada, observei por um bom tempo os seus gestos sóbrios e escutei um pouco espantada a sua voz de barítono. A tevê é a realidade nua e crua ao alcance de todos; a geração que está chegando jamais será capaz de sonhar. E, minha velha, o que é uma vida, mesmo endinheirada, sem sonhos?

Desde então, fico na dúvida sobre como dar um corpo às grandes vozes. Adoraria ser a sra. Dussane só por causa da voz. Aquela voz diz tantas coisas com conhecimento de causa! Não a imagino saindo de uma senhora que só come alface e torra-das. Eu a vejo satisfeita à mesa, saudável e serena! Seu rosto? Os cabelos mais para o grisalho, que ela mantém tal qual. São raras as vozes de que não gosto, nem as escuto, não importa.

Estou falando dessas vozes porque imagino que elas têm um estilo literário, Carolina, acredite em mim! Sinto-me in-feriorizada quando penso nisso! Já o meu filho, que tem ape-nas dez anos, mete o bedelho nos meus cadernos e diz que co-meto erros de ortografia! Pois é, o que aquelas vozes diriam, o que achariam disso tudo? Meu marido sempre me dá a res-posta certa:

"Desliga esse rádio e trata de dormir para curar a garganta, joga esse caderno para o alto, você nunca será uma escritora, só as pessoas que têm tempo para gastar vingam nessa profis-são! Cada um na sua."

Ele tem razão, sei disso, mas uma tristeza infinita toma conta de mim, apago o abajur, desligo o rádio, solto o lápis e tento dormir.

18 de novembro de 1962

Meu marido acredita que, para curar um resfriado, não há nada melhor que se sacudir, ele voltou com dois ingressos para o banquete da festa dos departamentos franceses. Resmunguei à beça, mas acabei indo: pagando vinte francos por pessoa, tí-nhamos direito a discursos, carne e batatas com certeza refoga-das com banha de porco. Ainda bem que a atmosfera nos fazia esquecer a comida. Quando vi chegarem os grupos folclóricos, parei de pensar no que poderia ter feito com os quarenta fran-cos que havíamos gastado. Os corsos, mestres da arte regio-nalista, imediatamente nos fizeram esquecer que a carne do banquete não estava macia. Os bretões e suas gaitas de fole me fizeram sonhar com charnecas, ondas fortes e névoa: naquele momento, meu marido parou de dizer que não gostava de batatas, mesmo refogadas. Foi quando as "antilhanas" chegaram! Três mulatas que nunca tinham pisado nas Antilhas! Elas dançavam, uma cintura mais dura que a outra. Felizmente, tinham rostos encantadores. Elas eram donas, foi o que ouvi, de um carro comprido. Há muitas meninas das Antilhas em Marselha, sabem lavar a roupa da patroa ou cozinhar a sopa do patrão, mas destas os governantes antilhanos não querem tomar conhecimento, e ainda assim elas conseguem levar um cacho de banana na cabeça — coisas da região que ninguém quer ver. No entanto, o europeu nos ama como somos, com nossas tradições, nossos hábitos, nossas vidas tecidas com risos e lágrimas! Pois então, Carolina, quase me rebelei quando uma das mulheres de cintura dura da minha terra me disse que nunca aceitaria cantar um beguine crioulo nessa "língua de selvagens". Aquilo era o fim da picada, preferi interagir com os corsos. Evidentemente, após as apresentações dos grupos, dançamos.

Eu me meti no meio dos corsos! Foi um deleite! Eles estavam lá, mostrando suas danças e músicas para nós. Para os reles mortais, isso é mais do mesmo; mas eu, uma antilhana acostumada a ver negros de tantas classes, mais uma vez notei que essas diferenças sociais eram o principal pecado que retardava nossa evolução. Hoje à noite, os que mais me agradaram eram simplesmente corsos: o estudante, a ajudante, o pescador, o advogado e o violeiro formavam um todo homogêneo. Jamais os antilhanos conseguiriam ter tal harmonia, tal fusão. Quem sabe falar já sai reprovando aquele outro que não pronuncia os erres. Quem está misturado com o europeu vai censurar aquele outro por sua pele herdada da esplêndida África. Eles dizem isso entre si, baixinho, minha pobre Carolina, nunca vão admitir que carregam consigo uma coisa ruim, mas é verdade, os antilhanos vivem com muito mais dificuldade entre si, na Europa ou em outro lugar, do que qualquer outra comunidade estrangeira. Como lesma na alface, fico curvada diante de tanta bobagem. E ainda tem os "nossos homens". Quando as esposas vestem as roupas das avós, eles desencorajam: "Mas como? Vocês têm filhos e ainda usam colares de ouro da Martinica e um madras? Vamos lá, isso é bom para as gavetas". E as senhoras provençais, como bonecos de barro veneráveis e venerados, vestem seus chapéus de renda, para alegria dos maridos. Tenho vontade de gritar para esses palermas:

Homem é um bicho engraçado! Após os discursos sobre amizade, os elos que unem os federados uns aos outros, indiscretamente começam a fitar o corpete das mulheres, avaliam-nas com o olhar e as escolhem, dirigindo-se em seguida às eleitas.

Um sujeito gordo me falou do amor embaixo dos coqueiros e das bananeiras. "Não sei", eu lhe disse. Ele me abraçou e respondeu: "Impossível". Ele estava todo vermelho; aproveitei o chá-chá-chá que nos unia para improvisar, me desvencilhei do seu peitoral atrevido e me movimentei como bem queria: dançar por dançar, não para agradar o sujeito que faz par comigo. Ao me ver girar à sua volta sem poder me tocar, ele baixou a bola e, ao final da música que tínhamos dançado duas vezes, éramos os melhores amigos do mundo.

Outro senhor muito bem-intencionado falou do azar que tinha em não conhecer o "intermediário" que lhe permitiria ter uma empregada antilhana com intenção de se expatriar. Ele nunca conseguiu ter "uma", sendo que isso teria agradado tanto a sua esposa. Gentilmente, respondi que, para esse novo tráfico negreiro, o "intermediário" tinha que ser oficial, era só ir à prefeitura.

Muito educado, o senhor me disse:

"É mesmo", e me pediu para lhe ensinar o beguine...

Acredito do fundo do meu coração que, tirando os políticos, que são obrigados a mentir, o resto dos franceses não são complicados. Imediatamente sabemos o que pensam, o que querem, bem ou mal: isso é uma qualidade.

"Bando de idiotas! O que as mulheres da sua terra têm de tão especial para desprezar as saias das avós?", parto para o contra-ataque!

Quando dá na telha, coloco um madras sobre a cabeça, exibo o meu vestido florido com cauda e passeio no meio da Canebière!

Sou parada, sou fotografada, ouço perguntas! Já que a Europa me ama tanto, danem-se os nossos homens!

Sempre quis parabenizar as mulheres senegalesas, as hindus ou as daomeanas que não hesitam em usar os próprios adornos em todos os momentos, sem constrangimento, sem hesitação.

Elas estão mil anos-luz à nossa frente, e eu sigo o bom exemplo.

No trólebus que nos trazia de volta, conversei sobre isso com meu marido. Quando o faço, ele sempre desvia do assunto, de um jeito ou de outro. Hoje ficou me falando sobre a qualidade dos vinhos servidos no banquete.

22 de novembro de 1962

Finalmente estou curada, e já penso em outra patroa, pois as experiências de faxineira não podem parar agora. No momento, estou misturando farinha para meu bolo de aniversário: durante todo o mês, os aniversários das pessoas de sagitário foram chegando com grande alarde. O papa, De Gaulle, Churchill, todos já passaram. Eu disse às crianças:

"Ontem foi o dia de João XXIII ter um ano a mais de vida, hoje é a minha vez de ficar, oficialmente, mais velha!"

O papai chegou com flores e os meninos prepararam "pinturas" em minha homenagem. Na verdade, esses borrões me custaram duas caixas de tinta, e eu não ouso resmungar, pois minha filha já está fazendo isso, seus irmãos usaram seus tubos de guache. Foi quando quiseram saber a minha idade, eles esquecem todos os anos. Tenho os anos que mereço, o suficiente para rir desinibida, o bastante para chorar com prudência. Pépé, pondo a língua para fora, fez as contas e me achou muito velha. O meu envelhecimento a deixa contrariada: se minhas pernas travarem de dor, ela não poderá mais dançar o twist comigo ou aprender corretamente o beguine. Ela queria entender. Carolina! Se você tivesse visto! Coloquei um disco na vitrola e tranquilizei o meu mundo. A barulheira era tanta que o papai destacou que nem De Gaulle, nem João XXIII dançavam daquele jeito, e que eles eram de sagitário! Claro que não dançam, mas, tendo em conta as preocupações que têm, quando um pouco de alegria ilumina as suas vidas, é muito provável que sintam vontade! Serão eles mais felizes do que eu, eu podendo fazer o que me dá prazer?

2 de dezembro de 1962

A inflamação na garganta contribuiu para alguma coisa: enchi umas cem páginas, formando um todo e parecendo com um livro cheio de personagens oriundas do meu passado. Elas são tão parecidas com você, Carolina, só o idioma as separa. O mesmo sol brilha sobre suas tristes vidas, e a busca pelo pão de cada dia é tão semelhante à sua luta para não morrer de fome que digo a mim mesma: "Meu Deus, uma vez que você permitiu que isso acontecesse e que você continua permitindo, deve haver um motivo". Talvez para que os ricos, ao ler o seu diário e as minhas cartas, possam fazer melhor uso dos bens materiais. Talvez também para que nós, os pobres, que não o somos mais completamente, olhemos um pouco para aqueles que estão enterrados até o pescoço na miséria? Eles estendem os braços, abrem as mãos, como eu e você já vimos, e muitas vezes suas mãos nada apanham. Eles se voltam então para Deus, a barriga apenas cheia de resignação e esperança por um futuro melhor para aqueles que viverão no século do átomo. Um fragmento de átomo! Centenas de milhares de pães! Somente pão, sem nada em cima, para centenas de milhares de homens que morrem de fome! Uma pequena bomba de hidrogênio: milhares de metros de tecido grosseiro revestindo corpos ressecados pela monção do Pacífico ou pelo harmatã da África... Mas droga: percebo que sou eu quem vê isso, a realidade é bem diferente. A inflamação na garganta foi embora, o Natal se aproxima, vou procurar um jornal para examinar em detalhes as vagas anunciadas para trabalhos em casa de família, lá tenho certeza de que encontrarei exatamente o que procuro. Depois vou ver o que aconteceu com o meu mendigo que toca violino quando passo. Ele toca quando dou um franco, logo que recebo meu ordenado das patroas, mas há muitos sábados que não passo por ele... Ele é mendigo, nunca compra vinho, mas corre para o vendedor de sanduíches e pede um de linguiça com bastante mostarda; para ele, é um banquete. Acredito que aquela silhueta arqueada, aquela barba branca e aqueles doces olhos azuis de Jesus esperando que eu passe valem trinta minutos do meu trabalho. É uma resposta às minhas preces.

5

10 de dezembro de 1962

Pois é: fui até a patroa Fulana de Tal, perto da sede da polícia, ela não se encontrava lá, mas a zeladora estava firme em seu posto, perguntei onde ela morava.

"Para quê?", ela respondeu, e eu satisfiz sua curiosidade. Pobre de mim! A senhora disse que aquela nobre madame era rica e "mesquinha", que não pagava as faxineiras e que tinha muito trabalho na sua casa: o apartamento era um verdadeiro museu!

"Não vá lá, vou encontrar um trabalho para a senhora."

Num piscar de olhos, ela me levou à modista do sótão, ao garagista do pátio, ao bazar da esquina. Em seguida veio uma mulher, uma inválida de olhar abatido, me disse que a zeladora era sua mãe, que ela queria me contratar.

"É melhor trabalhar na casa de pessoas como nós! Quando eles têm nomes como o da patroa aonde a senhora queria ir, nem imagina o quanto são insuportáveis!"

Queria conhecer a dona Fulana de Tal, mas não tive tempo de dizer uma única palavra. A zeladora disse que eu iria lavar os seis lances de escadas do edifício, três vezes por semana. Aquelas escadas me esperavam, tortuosas como os labirintos do Purgatório. Logo a seguir, o garagista veio me dizer que, todos os dias, eu iria lá escovar, com potassa, a graxa e outros produtos especiais necessários ao seu trabalho, espalhados no seu estabelecimento. Menos ousada, a modista queria que eu viesse das cinco às sete da manhã para limpar o seu ateliê. A zeladora exultava, me explicou que fazia tempo que precisava mandar embora uma menina que trabalhava no edifício, que ela havia surrupiado um avental, às vezes bebericava o seu vinho e recolhia todas as gorjetas. Aproveitando um momento em que ela tinha parado de tagarelar, perguntei:

"E eu, a senhora não está com medo de que eu faça a mesma coisa? A senhora não me conhece."

Peremptoriamente, ela respondeu:

"As negras são sérias e trabalhadoras; além disso, não é por acaso que dizemos 'trabalhar como um negro'! Com o devido respeito, mas é verdade!"

Com uma chefe dessas, seria o fim da picada trabalhar ali. Prometi voltar na manhã seguinte. Para o meu bem, ela aconselhou:

"Não vale a pena se vestir tão bem, a senhora não ganhará gorjetas: use pantufas quentes e um par de meias de lã. Está frio nas escadas e será preciso lavar o quintal em frente à garagem! Amanhã à noite, quando a senhora for para casa, terá que pegar as lixeiras e enxaguá-las no tanque."

Dei uma olhada para o tanque em que tremulava uma água quase congelada; cúmplice, a água que saía da torneira cantarolava: "Fuja depressa! Fuja depressa!".

Tinha esquecido a zeladora e, ao som daquele canto, eu sorria. Ela notou:

"Então, a senhora está contente? Tudo certo."

Expliquei a minha atitude:

"Seja como for, não é o correto, eu gostaria de ver a dona Fulana de Tal, eu conversei com ela por telefone!"

"Chega dessa história!", responde a zeladora. "Ela paga duzentos francos, os comerciantes do edifício dão duzentos e cinquenta, e eu e minha filha trezentos e cinquenta pelas escadas, não tem o que pensar. Até amanhã de manhã! Não se esqueça das lixeiras: a vassoura para limpar está ali!"

Cristalina, a água continuava cantarolando: "Fuja depressa, fuja depressa!".

Minha pobre Carolina, eu não fiz cerimônia: saí correndo dali e peguei meu ônibus. O que seria de mim com aquela zeladora? Rindo, contei minha aventura à família! Meu marido foi ao armário pegar para mim um bolo de roupas que eu planejava costurar numa noite dessas. Ele não ria, estava quase com raiva: "Qualquer dia, você vai acabar caindo num lugar horrível! Você tem trabalho e pão quando chega em casa! Pare com essa história de arranjar patroas e me deixe em paz!"

Que coisa! Quando ele se acalmar, voltarei à agência de empregos e pedirei o endereço de uma patroa sem zelador.

24 de dezembro

Está tão frio que, mesmo se eu tivesse uma patroa, eu a teria deixado na mão: a mobilete está no porão e as camadas escorregadias de gelo cobrem as calçadas da cidade. Marselha atordoada dá arrepios, não compreende nada. Pus em dia as minhas costuras e meu livro ganhou algumas páginas novas. Um primeiro livro é engraçado, é como o primeiro filho. No embrião inerte, as mãos e os pés crescem: perguntamo-nos como será o bebê, que já anda dando náuseas, imaginamos apenas que será lindo. Do mesmo jeito, não digo que meus rabiscos sejam uma obra-prima, mas gosto de pensar que meu livro está bem vivo: quando acontece de as crianças lerem umas linhas, perguntam: "E depois?". Acredito que não há julgamento melhor do que o delas. Ao me pedirem a continuação da história, já valeu a pena escrevê-la.

28 de dezembro

A cada inverno, a tristeza toma conta, me penetra, só se dissipando na primavera. O verão só chega daqui a seis meses, preciso continuar vivendo. Passei perto do local onde ficava o "meu mendigo", a vendedora de sanduíches me disse que a polícia havia recolhido o pedinte e seu violino: ele tinha desmaiado na calçada, e aquilo era um estorvo. Fiquei perturbada: eu adorava ouvir as melodias que saíam das cordas daquele violino; como acompanhamento, ele cantarolava "Oh, Magali!" com o autêntico sotaque da Provence. É isso, fiquei perturbada, Carolina.

É a época de trocar presentes, odeio receber sem dar: uma senhora pagando três francos por hora seria uma boa, mas está muito frio e as bacias nas varandas ou nos pátios me matariam. A experiência penosa na casa de terceiros me faz desfrutar do meu lar e me permite pagar os meus caprichos.

3 de janeiro de 1963

A jovem que tirei do meu bairro me escreveu. Ela subiu um degrau na sociedade, "chegou" a Paris, é auxiliar de serviços gerais num hospital, para ela não se trata de um sonho realizado, mas lhe permite sentir o gostinho da liberdade. Carolina, olha o que ela me diz: é mais simples copiar a carta do que explicá-la a você.

"Apenas antilhanas fazem esse tipo de trabalho. Não tem graça nenhuma, mas vejo outras compatriotas e isso me dá força. Dizem que em breve poderei me tornar auxiliar de enfermagem. Faz cinco meses que estou em Paris e ainda não vi quase nada: só ando de metrô, é mais rápido; tenho dois dias de descanso por semana, aproveito para escrever à minha família, lavar roupa e cozinhar um pouco. Moro no Quai de la Rapée, da minha janela só vejo o Sena, nesses dias o rio leva consigo cubos de gelo, e um nevoeiro me impede de distinguir as barcaças que circulam por ali: isso dura quase toda a manhã (quando estou em casa). Divido meu quarto com outras duas compatriotas, que também trabalham em hospitais. Não há problema para dormir, pois à noite sempre tem uma fora de casa, na labuta. Assim, ficamos menos espremidas. O dono do apartamento nos dá um recibo de sete mil francos, em nome de uma de nós, e pagamos individualmente vinte mil francos velhos: as duas outras inquilinas do quarto têm direito a um atestado de acolhimento. Nunca recebi um comprovante pelos vinte mil francos que pago, não posso fazer nada nem dizer nada, é igual em todo lugar; e, se o fizer, corro o risco de ser despejada. Nesse frio, não seria nada divertido. É difícil, mas é melhor que a patroa em Marselha.

"Agradeço antecipadamente etc."

Este é, Carolina, o sonho parisiense das antilhanas, e elas continuam a chegar em embarcações lotadas, algumas por causa dos auxílios do governo da França, tal como qualquer francês da França, outras na esperança de ter um vencimento mais substancial. No final das contas, são devoradas pelo metrô, engolidas pelas fábricas. Acabam ficando aflitas, não riem mais como em Fort-de-France ou em Pointe-à-Pitre, não têm tempo para nada. Às vezes, encontram descanso em sanatórios, ou muito dinheiro perto de Clichy, pois é, aqui não é nem o barraco, nem a favela, mas o pardieiro e a esperança que nunca abandonam os infelizes.

Esse sonho sem horizonte da minha semelhante me deixa perplexa: não a desencorajo, mas ela me deixa tão perturbada como o mendigo que foi recolhido na calçada.

6 de janeiro de 1963

Cécile chegou às "Antilhas": atravessou a França, de Le Havre a Marselha, em busca de sol. O sol existe e sempre existirá, mas fica gelado com o vento que passa no Mont Ventoux antes de rumar para Marselha, penetrando nos casacos mais grossos, e todo mundo parece possuir um cachimbo invisível, a fumaça sai das narinas e da boca. Cécile veio me dizer que esse vapor natural a assusta.

Vivo prometendo não meter o bedelho no que não me diz respeito: por que ela precisou vir à Europa, sabendo que o termômetro cai para menos oito aqui e que os javalis na Provence estão ao alcance de um tiro de fuzil? Eles vêm de fora das florestas procurar comida e acabam morrendo. Todos os açougues da cidade comercializam o que é caçado, vendem até porções de meia dúzia de esquilos. Eles são apanhados facilmente nesta época do ano. E Cécile não sabia disso? Deram meu endereço para ela, sempre tem alguém com meu endereço para repassar às antilhanas em caso de contratempo. Isso não me ajuda. Toda vez, Carolina, que decido ser horrivelmente egoísta, Deus me pune e me faz refletir. Bem, quando vi Cécile hoje de manhã, seus longos dedos completamente inchados, só consegui lhe dizer para entrar e esperar que o tormento diminuísse. Ela era formada em contabilidade em Fort-de-France, tinha até uma empregada. Passou por todas as agências de emprego da cidade, sendo enviada de um emprego para outro: as pessoas olhavam sua pele preta e educadamente respondiam: "Entraremos em contato". Na primeira semana de dezembro, esperou de verdade, não sabia o que "Entraremos em contato" significava na França, e então teve que se resignar, era necessário pagar o pequeno quarto no Panier, bairro onde morava.

Concordou em passar roupa na sórdida lavanderia perto da sua casa. Viveu no meio do vapor exalado pelo ferro, que molhava tudo em volta. Para completar a renda, concordou em lavar o enxoval de um bebê, à noite, ao voltar para o seu quarto sem aquecimento. O resultado não demorou a chegar, as frieiras tomaram conta de suas mãos e de seus pés. Ela fala comigo esfregando os pés um contra o outro para acalmar a coceira. Olha para os dedos abertos, e uma lágrima cai em seus longos cílios. Ainda assim, eu não deveria chorar ao seu lado. Ajudaria em quê? Vesti uma carapaça dura de roer e disse:

"É assim na França, a senhora pensava o quê? Não é todo mundo que tem uma manicure como a sra. Baker; para ganhar o pão de cada dia, será preciso trabalhar e cuidar dos dedos das mãos e dos pés. Para começar, coloque sua mala no quarto da minha filha. Deixe o Panier, caso contrário morrerá de tristeza antes do final do inverno. Se aqueça, irei à fábrica de biscoitos do bairro conseguir um emprego para a senhora, assim vai poder esperar mais tranquila o seu noivo retornar do Laos. A propósito, por que ele a fez vir tão cedo, já que vai ficar ainda mais seis meses por lá?"

Cécile distinguiu na hora que meu tom áspero se tratava de fingimento, era absolutamente necessário recuperar o seu pobre maquinário enguiçado pelo inverno. Ela sorriu. Enquanto escrevo para você, ela vai e volta, e até vi um sorriso iluminar sua pele de ébano. Você pensa, Carolina, que eu sou ridícula? Quando chegar o ano que vem, ela será uma lembrança do passado, mas o momento presente é o que importa. Está frio, uma jovem da minha terra está aquecendo o corpo e o coração debaixo do meu teto, aconteça o que acontecer.

12 de janeiro de 1963

Cécile está trabalhando na fábrica e se contenta com isso: ela terá tempo para voltar a ser contadora quando retornar à nossa terra. Diz estar feliz, não a desminto. E o frio continua. A zeladora me escreveu: ela guardou o meu endereço, apesar da minha almejada "aposentadoria". Encontrou um trabalho para mim! De novo! Desconfio dela e do inverno. Vejo meu livro tomando forma, Carolina, e esfrego as mãos. As tardes são longas e calmas, somente o inverno acalma os provençais, assim consigo escrever, mais dois capítulos e acabou! Mas quando terminar, o que devo fazer? É hora de pensar nisso! Vou pedir conselho a uma francesa que sabe ler e escrever de verdade, que não é uma mera "senhora que paga três francos por hora".

20 de janeiro

Como não rir quando Solange aparece? Ela chega com sua dose de humor de todo dia, tem o dom de ver a vida em cor-de-rosa. Solange é a madrinha da minha filha. Ela é uma mulata vivaz que se recusa a falar francês, mesmo com as "suas madames". Ela encontrou uma linguagem intermediária entre o crioulo e a língua de Voltaire, o suficiente para se comunicar. E ainda assegura que, quando fala sem utilizar algumas sílabas do patoá, sente muito mais frio.

"Sei que, com o frio, você fica por aqui, vim lhe trazer meus votos de feliz Ano-Novo antes do fim de janeiro. Não trabalho, pedi minhas contas para a 'minha madame'. Imagine que a peguei em cima de uma cadeira, atrasando o relógio do vestíbulo. Achava os turnos dos dias muito longos fazia tempo! Jurava de morte cada ônibus que me fazia chegar atrasada. Até dei o meu relógio de pulso para um relojoeiro consertar, mas era inútil! Sempre chegava com meia hora de atraso. Foi então que, na véspera do Natal, precisei comprar um pouco de visco para o meu presépio, ia dizer para 'a madame' que queria sair um pouco mais cedo, foi então que a vi, sim, minha velha amiga, a 'vi' empurrando o grande ponteiro do relógio com o polegar meia hora para trás! Pensei que estava sonhando e prometi a mim mesma ficar de olho: durante toda a semana que antecede o Ano-Novo a vi refazer o mesmo gesto. Então, no dia de ré-veillon, eu lhe disse que ela me devia cento e vinte meias horas, que ela podia descer daquela cadeira. A família dela tinha vindo de todos os lados. Bem alto, perguntou o que eu tinha, se estava maluca, respondi que havia uma semana a observava e que, sem entender, havia três meses eu sempre chegava atrasada em casa. Aquela mulher desprezível ficou vermelha com a confusão, e eu vermelha de raiva. Falei em entrar na justiça, ela pagou o que devia dizendo que aquilo era uma gratificação, que não admitia minhas declarações. Claro que me demiti, fiquei em casa! Roubar meia hora de uma pobre negra, enquanto se viaja de avião para praticar esportes de inverno! É degradante, você não acha?"

Solange riu como só ela sabe fazer.

Então Cécile chegou, com uma caixa de doces. Solange disse: "Quem é essa negra? Ela é nova?"

Fiz as apresentações. Solange olhou para a aparência doce de Cécile e seus gestos ponderados, puxou os cabelos e exclamou:

"Jamais alguém deveria entrar na casa de uma patroa com um rosto como o seu. Não seria nada fácil! Faz vinte anos que trabalho na casa dos outros, ou quase. Cheguei no fim da última guerra, até peguei o tempo das rutabagas e da sacarina. Fiquei seis anos na casa de uma mulher, criei sua filha como se fosse minha. Ela me via com mais frequência do que a seus pais, e um dia fui buscá-la na saída da escola, ela não me deu mais a mão, como costumava fazer desde sempre: ela acabara de perceber que eu era uma mulher negra, me disse para andar atrás dela. Certamente os pais tinham lhe dito algo. Fiquei dois passos atrás da menina, e me doeu tanto que saí de mala e cuia. Desde então venho trabalhando com as mãos, não com o coração. Logo que o caldo começa a entornar, nem tento entender o que está acontecendo, parto logo para outro emprego. De tempos em tempos, consulto o preço da mão de obra, só isso. Eu era cabeleireira na minha terra, alisava o cabelo das mulheres! Aqui, é necessário encrespar; apesar das minhas referências, não deu certo, e eu precisava comer. Nunca consegui sair dessa engrenagem: uma vez que você está no sistema de seguridade social como doméstica, tente escapar para ver se dá!

Meu marido é marinheiro, seu porto de origem é Le Havre! Eu não aguento o nevoeiro, estou aqui! Uma vez por ano, venho durante a licença dele. Não tenho filhos." Ela parou de brincar. "A menina que criei estaria com dezenove anos! Eu a amava, com aqueles cachos loiros. Eu mesma lhe fazia os cachinhos de anjo! Pois é... acabei ficando assim... indiferente! E a senhorita! Não vá à casa das patroas com esses olhos de jumento."

Num estalar de dedos, Solange foi embora...

Ela ri, mas está sofrendo... Ela teve um choque, Carolina, e não há nada que a cure: estou rindo com ela só para não pôr o dedo na ferida.

23 de janeiro de 1963

Os pais de Cécile escreveram. Eles me pedem que a aconselhe a retornar às Antilhas se o noivo tardar muito a voltar para a França. Ele, do Laos, me agradece e pede para cuidar da sua futura esposa até maio. Cécile trata suas frieiras e se habitua à fábrica. A contramestre a trata por "você", suas novas colegas também, mas todo mundo gosta dela. Ela tem uma amiga cheia de boas intenções, que programou o seu próximo ano. Até a Páscoa, elas ficarão na fábrica de biscoitos. Em maio, irão à fábrica de conservas para enlatar anchovas. Nas férias de verão, partirão para a fábrica de limonada e depois para a fábrica de tâmaras. Enquanto isso, irão ao baile no inverno e vão nadar no verão, nas *calanques*.* O problema dos homens também é resolvido pela amiga: a cada estação, saímos com um, até encontrar o bilhete premiado. Cécile está um pouco assustada, não por hipocrisia, mas a verdade é que acaba se perguntando como sua amiga faz para tascar um beijo em público no

---

* Acidente geográfico encontrado no mar Mediterrâneo sob a forma de angra, enseada ou baía.

noivo, que sempre a encontra na fábrica. "E dizer que lá de onde vim nunca pude nem andar de braço dado com o meu noivo para atravessar o meu bairro." Carolina, o que você quer que eu diga? "Viva a sua vida e cale a boca!" A conversa sempre termina com comentários brincalhões! Cécile ainda me perguntou o que eu escrevia de manhã cedo, quando as crianças ainda estão dormindo. Nesse momento, me senti no meio de uma armadilha: disse que trabalhava de casa para uma gráfica. Isso faria sentido, reescrevo endereços em faixas, sendo paga a cada cem. Tenho que fazer isso para ganhar quinhentos francos! O que ela pensaria se eu lhe dissesse que estava escrevendo um livro e que estou nos últimos capítulos? Ainda preciso desse anonimato, senão vou perder a confiança em mim mesma. No entanto, se desejo saber a aparência do meu bebê, vou ter que tirá-lo de casa para que as pessoas me digam como ele é. Cécile lê muitos livros bons; ela tem clareza de julgamento e entende bem o que aprende. E se um dia desses eu tentasse falar com ela?

6

30 de janeiro

Abençoados os miseráveis que não sabem que o são. Visitei o amigo Roland com meu marido, para o batismo de sua filha. Estava muito frio, e empurramos a moto ao longo de todo o caminho: o gelo no chão nos impediu de andar. Fizemos esse exercício por quarenta e cinco minutos antes de chegar à casa do nosso amigo, que mora no centro da cidade. Ele tem orgulho disso, mas não o invejo. Só adulta as minhas pernas conheceram as tortuosas escadas das grandes cidades, e subir os degraus foi algo que sempre me desagradou. Retiramos da bolsa o pequeno embrulho para o bebê e esperamos um bom tempo no corredor para que nossos pés deixassem de ser cubos de gelo. Depois começamos a subir as escadas do prédio até o local em que moram Roland e sua família, no último andar. Janine, linda como uma fada, veio nos receber, e Roland, feliz como um rei, nos apresentou sua filha. Eles são diferentes, mas funcionam bem juntos: Roland é um martinicano forte como um touro que trabalha no cais, e Janine é uma loira de Vaucluse que parece adorar o marido.

Entramos. O vidro do postigo está quebrado, Janine colocou um pedaço de tecido florido para esconder o buraco, o que não impede o mistral de entrar no cômodo. Ela ligou o fogão a gás para aquecer a mansarda. Minha pobre Carolina, esse pardieiro se localiza no centro de Marselha, e é como em qualquer favela, apenas uma nuance diferencia os habitantes uns dos outros: ou são otimistas, ou são desesperados. Esse casal de amigos é otimista: nada os deixa contrariados, nem as críticas, nem a mansarda, nem a vida precária que levam.

Os convidados enchem as duas salas, uma meia dúzia de compatriotas, todos acompanhados de europeias. Roland se orgulha de ter escolhido a mais bonita, e ele tem razão. Janine tem três filhos, mas conseguiu continuar jovial como um dia de primavera, seus longos cabelos claros acobreados e seu lindo rosto. Ela é toda sorrisos, e seus olhos brilhantes de ouro fazem esquecer o ambiente onde mora. Roland adora vê-la resplandecente, deu a ela de presente um vestido de tule preto salpicado de bolinhas prateadas. Ele disse: "Comprei na Rue Saint Ferréol, já que não posso oferecer um apartamento para essa mulher! Pelo menos a família dela não vai dizer que não lhe dou roupas!".

Uma espanhola é a madrinha da bebê. Ciumenta, ela se agarra ao marido, que parece um gorila. Há também a vizinha de Janine: ela usa um vestido de veludo grená que valoriza suas formas protuberantes. Ela está lá, com seus quatro filhos, preparando sanduíches. E então outra boneca, toda platinada, que nem sequer levantou os olhos quando chegamos, tão ocupada estava deixando um guadalupense de olhos maliciosos lhe dizer galanteios. Todas essas mulheres, em seus vestidos de festa, tremem de frio no apartamento, mas não hesitam em deixar os ombros à mostra. Para elas, pareço alguém de outro mundo, com minhas calças de lã e meu suéter grosso, estava até de botinas.

Um monte de comida é colocado no antigo aparador pintado de branco. As mulheres fumam para fazer tipo, e uma névoa cinzenta nos envolve. Janine é gentil, gosto dela. Pego a bebê no berço e imediatamente, no cantinho onde me escondi, as crianças me cercam. Lá, posso olhar com toda tranquilidade para esse estranho universo. Disse ao gordo do Francis que meus sapatos me impediam de dançar o beguine, e os outros homens me deixaram em paz. Prefiro a companhia das crianças. As outras mulheres não dizem nada de consistente, mas uma coisa é certa: eu lhes inspiro confiança, e elas me fazem confidências. Janine gostaria que as irmãs do marido fossem como eu. Na verdade, Roland a escolheu: não canso de repetir para ele não bancar o galã com outras mulheres, ele já tem três filhos, isso é bom para Janine, e ela me pede para encorajar Roland a regularizar a sua situação familiar, pois eles não são casados no papel. Já tive a minha primeira vitória: os dois decidiram batizar o recém-nascido, os outros não o foram. Seus pais estavam ocupados demais fazendo cenas de ciúme para pensar nisso.

Conheci Roland numa noite, ele tinha vindo com meu marido para mergulhar na atmosfera de uma família antilhana. Ele dizia que estava cansado dos sogros, que o chamavam de preto sujo. Lembrei que os sogros não faziam parte do casal, e que primeiramente ele devia pensar nas crianças e na mulher que amava tanto. Acredito que ouvir isso lhe fez bem, porque na semana seguinte ele trouxe Janine. Foi quando soube que a união não estava sacramentada nem junto à lei nem junto a Deus. Roland pensava que o batismo das crianças era um assunto para as mulheres, e sua mulher não acreditava em nada. Quanto ao casamento... ele adoraria fazer a cerimônia nas Antilhas, longe dos sogros, e ficava projetando datas impossíveis para o evento.

Ainda consegui convencer ambos a batizarem a criança que estava chegando. Para tanto, tive que massagear bem o amor-próprio do Roland: "O senhor acabou virando um pagão, mas a sua mãe não o criou como pagão! Tenho certeza de que, enquanto sua mãe o carregava no ventre, trazendo consigo cestas de legumes e frutas, entre Tivoli e Fort-de-France, ela pensava apenas em comprar suas roupas para o batizado! Para ela, tratava-se de uma tradição sagrada. Por que, depois de chegar à Europa, o senhor vai pisar nos nossos costumes assim?".

Ao me ouvir, Janine acariciou sua barriga arredondada e disse: "Vamos lá, Maméga, o bebê se mexeu enquanto vocês falavam, vou batizá-lo. Verdade que aqui não temos muito esse costume! Pelo menos esse assunto não tem a mesma importância que para vocês, antilhanos!". Eu fiquei pensando sobre o momento feliz em que legiões de missionários vindos dos continentes vizinhos evangelizariam os casebres, as habitações populares, as mansões, toda a Europa. Janine agitava seus longos cabelos de cobre e ria, ria frouxo: aquilo não lhe parecia possível. Imperturbável, continuei: "Os indígenas acreditavam ou no sol ou num totem; os negros, nos fetiches;* os amarelos, nos dragões, no sol, em sei lá o quê! Mas acreditavam em algo de bom ou de ruim. As soluções são variadas. O velho povo europeu não acredita em mais nada, tudo é apenas formalidade! Os poucos que escaparam dirão àqueles com um ideal espiritual que isso não é verdade, perdendo de vista que seu próprio rebanho está completamente perdido!".

Finalmente, a pequena mestiça é batizada, e foi obra minha, Carolina! Eu a tenho no colo, ela é linda, e esqueço que é preciso enfrentar o gelo no retorno para casa. Roland conectou o sistema de som da vitrola no teto, instalou uma tomada múltipla debaixo da lâmpada solta, que difunde sua luz crua sobre os convidados: eles precisam se abaixar para passar por ali e não destruir tudo. Chegou um momento em que meus ilustres antilhanos se cansaram da música que vinha dos discos! Roland bate na mesa com as mãos, outro bate com os dois garfos em uma garrafa, e aquele que flertava com a mulher platinada move seus sapatos em um movimento cadenciado. Esse jazz improvisado enche o apartamento. A fulgurante Janine e

---

* Referência aos praticantes do fetichismo, culto de objetos — os fetiches — considerados possuidores de poderes sobrenaturais ou mágicos.

sua filha mais velha, os cabelos balançando da direita para a esquerda, embriagadas com o ritmo, começam a se mexer. A vizinha de Janine, que é viúva, deixa que um grandalhão a abrace com força. Seu menino de seis anos, que não tinha me largado nem por um minuto desde que eu pegara a bebê nos braços, me perguntou por que aquele senhor olhava para a sua mãe daquele jeito, e sua irmã, quase uma adolescente, corou de desgosto. Vi a sua consternação e fiquei com pena da menina, que não tinha necessidade daquele espetáculo. Falei para ela sobre a neve que se recusava a derreter no meu bairro: ela iria me visitar um dia? Parecia agora esquecer que um grande homem negro beijava sua mãe, boquiaberta de prazer, mas a sinto preocupada, mesmo eu falando sem parar. Meu marido se junta à orquestra. Fiquei contente. Eu não gostaria que aquela mulher platinada dançasse com ele. Até tarde da noite, eles dançaram, falaram em patoá: o mistral talvez não tivesse atravessado a cortina que cobre o postigo, e eu bem podia me imaginar em um piquenique antilhano.

Antes da nossa partida, Roland, esse cabeça-dura, nos diz: "Vamos casar neste ano! A senhora será a nossa testemunha". Eu digo "Ufa!". Janine não conhece ainda essa resolução, mas estou contente pelas três crianças.

De volta para casa, contei a Cécile o que acontecera e peguei meus cadernos para acrescentar algumas palavras no final do derradeiro capítulo do meu livro. Cécile se atreveu a perguntar o que eu tinha anotado naqueles caderninhos empilhados sobre a mesa. De uma só vez, saí com esta: "Estou escrevendo um livro!". Esperava ser motivo de chacota, mas ela nem riu, e fiquei surpresa. Pois foi assim, encorajada, que completei: "Leia um deles se quiser". Ela se ajeitou no sofá e devorou um, dois, três, quatro cadernos, ela parava apenas para dizer: "Mas como é bom! Mas é exatamente assim! Isso vai ser publicado".

Pela primeira vez, ouço essa palavra e fico um pouco assustada.

2 de fevereiro de 63

Por nada no mundo eu deixaria de ir à abadia Saint VICTOR no dia de Nossa Senhora da Candelária. Hoje fui, apesar do frio, esperando que não houvesse muita gente. Azar o meu! Toda a Provence, Carolina, ou melhor, a região inteira de Marselha tinha vindo se prostrar diante da Virgem Negra abrigada naquela igreja bizantina. As vendedoras de biscoitos provençais faziam bons negócios com suas *navettes*, não davam mais conta da enxurrada de compradores, e suas bancas iam até a entrada, agora muito estreita, da abadia.

Nunca soube se aquela estátua era de pedra ou de madeira, objeto de tanta veneração, cuja origem remete a tempos imemoriais. Ela tem no braço esquerdo, na altura do ombro, um Menino Jesus com cabelo completamente crespo. Está coberta com um tecido verde suntuoso. Faço-lhe confidências como faço a você, Carolina: com sua tez morena, ela é tão parecida comigo! Quando rezo uma oração à Imaculada Conceição, sei que estou invocando a mesma Rainha, mas lhe peço perdão por orar, caso ela não seja feita para mim. Aqui não é a mesma coisa: no momento fugaz em que consigo me aproximar da estátua, depois de ter seguido uma longa procissão, percebo que ela tem a expressão serena das mulheres da minha terra, que penaram muito na vida; talvez encontre o sorriso da minha mãe, a cabeça erguida das outras mulheres cujas histórias embalaram a minha infância! Sou eternamente grata a ela por me dar essa ilusão, e de modo egoísta quase acredito que foi feita para mim. Estou na fila, desço mais uma vez até a cripta da abadia, do famoso arquiteto Cassien. Ele fez bem o seu serviço, e essas pedras velhas estão lá para a posteridade. Dou uma olhada nos túmulos dos mártires, desconhecidos por muitos, que lá dormem, e sinto inveja de todos os povos que só precisam virar-se para trás para ler a história do seu passado, e grito no meu íntimo: "Onde está o meu passado? Trata-se de um nada?". É quando o sorriso da Virgem Negra me tranquiliza, me acalma. Tem que ser idiota, Carolina, para pensar tal tipo de coisa, não é?

Munida de algumas velas, com as quais toquei os adornos da Virgem, sinto-me forte o suficiente para enfrentar a vida. Pois a vida não é apenas pensamentos, é realidade, e minha realidade é, neste 2 de fevereiro, uma coisa difícil: gastei até o último franco das minhas economias nos três meses de inverno rigoroso. Vou ter que procurar uma patroa não para continuar a minha experiência, mas para dar um jeito em questões mais urgentes, se não quero voltar em breve ao Crédito Municipal. O vendedor do mercadinho perto de casa estufou o peito e proclamou, diante da clientela atônita, que a salsa custava doze francos o quilo: de hoje em diante, seria preciso comprá-la. As batatas chegaram a um preço astronômico. No bairro, hepáticos não comem mais alcachofras. Eles costumavam comprar uma alcachofra e fazer um suco para aliviar o desconforto no fígado. O quilo está três francos. O espinafre tornou-se produto de luxo, e a alface anda custando seis francos o quilo. Nessa toada, todas as donas de casa estão ficando com o pires na mão com o peso do orçamento familiar, e as mais destemidas já encontraram um bico.

6 de fevereiro

O noivo de Cécile chega no final de abril. Ela não se contém de alegria. Passou a mão febril no vestido branco de casamento que uma costureira gabaritada tinha confeccionado. Nunca tinha visto o vestido, ela não ousou mostrá-lo antes que a data da cerimônia fosse marcada. Pois então, tudo pronto, o casório será no início de maio, no desabrochar das margaridas, das lilases e das flores de pêssego, e será mais divertido do que se fosse no inverno.

8 de fevereiro de 63

Hoje de manhã, a rádio disse que dois antilhanos mataram um ao outro. Espichei o ouvido, mas mesmo assim não tive tempo de escutar quais eram seus nomes. Meu marido voltou ao meio-dia, parecia consternado, secou uma lágrima que caía dos olhos e disse: "Roland morreu com um tiro no coração numa rua do Harlem." Abalada, larguei os pratos que estava segurando. O estrondo chamou a atenção das crianças, que vieram se juntar ao meu redor. Quando ouviram a notícia, foi uma choradeira só. Todos conheciam bem o Roland, que vinha com sua grande moto até nossa casa brincar com os meninos. Ele colocava um na frente da moto e o outro se agarrava na sua jaqueta. Os pequenos ficavam impressionados. Roland sentava-se com eles embaixo dos pinheiros e contava mil e uma histórias, batalhas na planície dos juncos na Indochina, seus companheiros de equipe que carregavam, em um só dia, toneladas de bananas do porão dos barcos até o cais, as caixas do tamanho de armários transportadas com muito esforço; ele mostrava o bíceps de Hércules e os meninos tentavam imitá-lo, mas em vão: tudo terminava em gargalhadas. Ele recobrava o ânimo entre os meninos, depois voltava à sua vida instável, entre o cais, a sua mansarda e o Harlem.

Fomos ao necrotério do cemitério de Saint Pierre para saber a hora do enterro. O guarda nos disse que ainda dava para ver o martinicano, que a autópsia já havia sido feita e que seu corpo já estava na "geladeira". Roland na geladeira como uma galinha qualquer! Sendo que uma semana antes trouxera Fort-de-France ao seu pardieiro, sendo que tinha decidido se casar para entrar na linha! Isso era inconcebível. Tive que me resignar quando o guarda abriu o compartimento em que Roland dormia para sempre. Tentei em vão fechar seus olhos entreabertos, ele parecia sorrir, parecia fazer uma última piada com seus conhecidos. Disse meu *De Profundis* diante do guarda indiferente.

À tarde, voltamos para o enterro. A loira Janine chegou gritando, vestida com um casaco de couro preto, seus longos cabelos cor de sol esvoaçavam com o mistral. A viuvinha, que adorava paquerar, deu-lhe o braço, e a espanhola, acompanhada pelo gorila, os seguiu. Um a um, os amigos de Roland chegaram. Eu nunca tinha visto aquela fauna, estivadores com suas boinas enterradas na cabeça, peões e todo um grupo de ociosos que aproveitaram a carona do ônibus que conduzia o cortejo e permaneceram, por curiosidade, para se deleitar com a dor dos outros.

Eles falavam, riam diante do caixão aberto, acompanhados pelas suas queridas. Estas estavam mais reservadas, embora maquiadas e com vestidos curtos. Finalmente, uma mulher baixinha e loira, vestida com um casaco de vison, saiu de um carro comprido com uma enorme coroa. Ela sumia debaixo das flores, e o penteado tipo couve-flor era a única coisa que se distinguia do seu corpo. Um murmúrio percorreu o público heteróclito: percebi que era a amante que eu acreditava existir apenas na imaginação de Janine. Todos os olhos miravam aquela aparição, e os espectadores que foram até lá riam sem parar. Era revoltante, soltei o braço do meu companheiro, dei meia-volta diante dos meus irmãos de cor e lhes disse em patoá:

"Então, vocês estão definitivamente perdidos! Não respeitam nem mais uma pessoa morta, e que pessoa! O amigo de vocês não tinha familiares aqui, vocês eram a razão da existência dele, ele só falava de vocês, em detrimento da família, de como conseguir para vocês um dia de trabalho no cais, de emprestar alguns francos para vocês, de encontrar um abrigo para vocês quando chegavam clandestinamente ao Harlem. E hoje vocês riem, vocês são nojentos."

Minha velha amiga Carolina, eles são sujeitos difíceis de serem enrolados, andam com punhos e às vezes são bons com facas. Um deles acabou dizendo:

"Caramba! Essa mulher fala como a minha mãe! É a mesma coisa! Ela tem um jeito todo dela de fisgar as pessoas! Senhores, chega disso!"

Eles ficaram quietos, não riram mais. Fiquei feliz de lhes proporcionar de novo, por um momento que fosse, uma aparência digna. Mas Janine quebrou o silêncio, surtou de raiva ao ver a loira e a imensa coroa, urrando como uma tigresa:

"Que ela desapareça daqui, essa p... Foi indo para a casa dela que Roland encontrou o seu fim no Harlem, foi por causa dela que ele morreu."

O guarda já tinha visto outras tantas cenas do gênero no necrotério. Ele disse:

"A família por aqui, por favor! Vamos fechar o caixão!"

Em três segundos, Roland sumiu da nossa vista, enquanto Janine rastejava pelo chão. O mestre de cerimônias do funeral tinha tirado a coroa da mulher de pele de vison, o rímel tinha saído e seus olhos estavam vermelhos de lágrimas; ela não tinha pronunciado nenhuma palavra. Diante da sua mudez, Janine se acalmara.

No meio dos vagabundos que tanto adorava, Roland foi conduzido para dentro da terra. Não há palavras para descrever o baque surdo da terra europeia se fechando sobre um homem que falava apenas de retornar à terra natal com sua família num imenso barco, das casas nas encostas do Tivoli e do sol cobrindo a Chapelle du Calvaire de Fort-de-France. Roland vivia aqui, mas ele não estava adaptado, procurava um paraíso mesmo no meio dos delinquentes. Não há nome para isso, melhor esquecer.

Janine quis se jogar no buraco, mas os vagabundos disseram:

"É besteira, isso não vai durar muito, ela gosta muito de homem, vocês vão ver!"

Saí dali, pois há momentos de sinceridade que a dúvida não deve macular.

16 de fevereiro de 1963

Não se fala mais a todo momento de Roland, e posso ordenar meus pensamentos. Assim, pude enviar algumas folhas do meu livro a uma grande mulher amante das Antilhas e dos antilhanos, minha cara Carolina. Rapidamente, ela me respondeu: "Devorei a amostra do seu caderno, e um buquê de perfume e poesia me invadiu. É preciso, sim, continuar esse livro: cem vezes sim, é muito bonito."

Pois é, eu poderia ter pulado de alegria, eu tinha agora um público leitor de duas pessoas, sem contar a família, que sempre quer saber a continuação dos meus escritos. Então, não, não pulo de alegria, estou ainda bastante apreensiva sobre o que sairá de todas essas horas colocando o preto no branco. Cécile me disse que eu não devia mais ir à casa das patroas, que devia escrever livros, muitos livros, que valia a pena. Ela chegou a me dizer que eles seriam publicados. Então comecei a rir. Publicar, eu! Não conheço ninguém do ramo, não tenho um centavo no bolso e já estou no outono da minha vida. Não posso nem contar com um físico extraordinário para atrair a atenção seja de quem for; sendo assim, como devo proceder? Cécile tem vinte e dois anos, mas sabe escolher as palavras para me convencer:

"Maméga, acredite em mim, é bom mesmo! Se eu pudesse escrever, faria o mesmo, não dá para desistir."

Uma apoiadora dessas, martelando as mesmas palavras, dia sim, dia não, me impede de jogar tudo para o alto; pois, quando a carteira está vazia, só confio nas cédulas que me permitirão ir ao mercado neste instante: estamos apenas no dia 15 do mês e o salário do meu marido já evaporou. Que ideia trabalhar como encanador ou carteiro e ter uma cambada de crianças! E o inverno não acaba nunca! A neve voltou a se refestelar no Sul. Decididamente infiel, neste ano ela abandonou a casa no Norte para vir se divertir com o mistral. O vento, por sinal, se revolta e faz os pinheiros chorarem. Os arredores não vestiram o grosso casaco branco do último mês, a camada branca é fina e frágil, sorte que por aqui o sol se intromete e perfura esse vestido insólito.

18 de fevereiro de 1963

Vi, afixado na balança da padeira, um anúncio: procura-se uma faxineira duas horas por dia. Fui me informar e soube que uma senhora idosa que morava sozinha, não muito longe da minha casa, estava procurando ajuda. O inverno muito longo a deixara presa no seu pequeno apartamento. Carolina, eu não fui lá por amor ao próximo, mas para trazer comigo seiscentos francos por duas horas de trabalho: era tão perto de casa! Pois então, chegando ao novo serviço, comecei a sacudir todos os locais onde a poeira se acumulava: escovei o assoalho e esfreguei duas bacias cheias de panelas e de caçarolas, enquanto a velhinha me falava dos seus infortúnios. Os filhos não cuidavam mais da mãe, e ela só tinha a aposentadoria. Escutava aquilo e trabalhava duro. A vovozinha não tinha lavadora de roupas, e eu lavei à mão uma meia dúzia de lençóis. As duas horas não foram suficientes para reorganizar aquela residência. A velha pequenina consultava ansiosa o velho relógio. "Está na hora", ela gritava. "Duas horas são suficientes para mim!" "Duas horas, pois não! Para dizer a verdade, seriam necessários dias, vovó! Faz uns três meses que nada é feito no apartamento."

Ela tinha contado e recontado as moedas destinadas a mim, e se perguntava que "cabeça-dura" tinha invadido a sua residência.

Em seguida, ela me falou em crioulo para que eu compreendesse perfeitamente que dispunha apenas de seiscentos francos. Eu disse:

"Está bem, terminei, vovó: guarde os seiscentos francos para um cozido! De vez em quando vou voltar para visitá-la!"

Ela não podia acreditar, e tinha tanto medo de eu não retornar que disse:

"Posso dar seiscentos francos durante um mês, duas vezes por semana. Até o fim de março estarei em forma, e espero que nesse momento a assistência social me encaminhe para uma casa de repouso."

"Tudo bem! A senhora não está contente por ter uma faxineira de graça, durante um mês? Isso não é comum, e eu cobro caro, sabe? Quando as patroas veem meus setenta e dois quilos, elas me contratam sem hesitação, e eu recebo o dinheiro delas sem arrependimento. Elas não são más, e sim burras. Mas com a senhora, vovó, eu não conseguiria comer o que eu comprasse com suas moedas. E dizer que suas filhas são madames que andam como pavões por aí sem se preocupar com a senhora!"

É por isso, Carolina, que tenho trabalho me esperando por um mês.

7

18 de março de 1963

Conversávamos sobre um jornal antilhano publicado em Marselha e, hoje de manhã, na minha caixa de correio, ele chegou, elegante e azulado. Enquanto folheava, Solange veio voando, segurando o seu exemplar debaixo do braço:

"Temos um jornal! Há uma lista de 'figurões' na parte superior. De acordo com aqueles que a fizeram, só existem antilhanos importantes em Marselha. Quanto aos que labutam, não há sequer uma linha anunciando quem partiu dessa para melhor... Leia na seção 'Obituário', há apenas um controlador do Tesouro desaparecido neste semestre e, no entanto, Coppe está a bons sete palmos debaixo da terra: indo comprar cocos, neste inverno, na região portuária de Joliette, ele desabou, do lado da sua caixa de mercadorias. E Guiche, o contramestre, que só falava do sujeito que faz este jornal, bateu as botas neste inverno, num leito do Timone: havia apenas três gatos para acompanhá-lo, porque ele nunca se exibiu em carro de luxo. Então ele não é antilhano! E Lise, que não pôde ser representante comercial nas Antilhas! Ela se acabou trabalhando junto a uma bacia, na casa de uma madame, e agora está definhando em uma casa de repouso perto da basílica Vierge de la Garde, ninguém vai visitá-la. Ela é antilhana, não é? E a tia Dodo, que encerou tantos pisos de parquê que o reumatismo destruiu seus ombros! Você viu o pessoal do jornal a visitando no hospital Conception? Eles têm vergonha de dizer ao nosso capelão que, entre nós, há alguns que são 'azarados'. Se ao menos ele, o capelão dos antilhanos, que é da Provence, viesse lhes dar conforto moral. E a sra. Marty, que ouvia o pessoal do jornal dizendo 'Olé, Olé' quando vestia os seus madras. Pois é, ela passa de uma clínica para outra, também trabalhou a vida inteira junto às bacias em Marselha, está assolada por dores, e quem a visita, tirando as enfermeiras? Você faz que não vê, mas já passou dos limites. Olhe esta lorota:

"'O círculo antilhano visa ajudar moral e materialmente os compatriotas infelizes, na medida do possível.'

"Veja bem, eu mesma lhe direi que, quando esses caras veem um antilhano infeliz de mãos bem calejadas, eles os esmagam de uma só vez. Não é somente por causa dos mortos que estou furiosa! Mas por todos aqueles que pagam enormes anuidades à Associação e a quem não se envia uma palavra reconfortante nos momentos de adversidade. E além disso, um ponche por duzentos e cinquenta francos, para mim que sou membro, é o cúmulo."

Claro, Carolina, eu sabia que a estupidez antilhana havia chegado até aqui, mas Solange não me deixava dizer uma sílaba, ela estava fora de si. Sabia que, quando as faxineiras das Antilhas vinham à Associação em busca de um pouco de calor humano, depois de ter dado duro por semanas na casa das patroas, as filhas dos responsáveis as olhavam com um ar de NEFERTITI tão intenso que elas certamente renunciavam qualquer gesto de fraternidade. Elas preferiam frequentar as boates europeias.

Eu sei! Eu sei! E isso me incomoda. "Saber" e "não poder" são palavras que nesses momentos assumem um significado horrível. Para acalmar minha amiga, li um agradabilíssimo artigo de um jornal da nossa terra:

UMA MULHER TRANSFORMADA EM GADO

É o grande burburinho que corre em Saint-Esprit. Certa manhã o sr. G. encontrou uma vaca na sua mercearia, ele estava prestes a expulsá-la quando ela lhe teria dito: "Olha só, sou sua esposa, não fique com raiva." O marido, entendendo que sua esposa estava possuída, foi buscar o padre. Este fustigou o animal, que, depois de retomar sua forma humana, foi levado para o hospício Colson. Transtornado, o marido seguiu para o mesmo destino. Solange gritou: "Não é possível! Em que ano isso foi escrito?" "Na semana passada mesmo", eu disse, "acabei de pegar da caixa do correio." Solange começou a rir como só ela sabe fazer. Era uma risada expansiva, com um pouco de acidez. Tive a impressão de que ela havia esquecido o motivo da sua visita. Enquanto a acompanhava até o ônibus, ela despejou sobre mim milhares de lembranças da nossa região que lhe vinham à cabeça, e as pessoas, apressadas pelo vento intenso que soprava, nos observavam, surpreendidas.

Eu me livrei da minha amiga, mas não estou feliz! Oh! Não estou orgulhosa, não. Primeiro, irei à casa de repouso para ver Lise e ao hospital Conception visitar tia Dodo, talvez isso me deixe mais sossegada! Mas o jornal é uma grande enganação!

Carolina, nesses momentos, penso tanto nas pessoas desamparadas que se sentem mal de serem assim por causa do olhar dos imbecis, preciso de muitos argumentos para me convencer de que eu não sou uma dessas imbecis.

22 de março de 1963

Solange voltou, dessa vez de carro, o marido está de licença e o Citroën 2CV saiu da garagem: "Tudo certo! Consegui dois lugares para o negócio dos antilhanos! Venha ver a cara deles, vale a pena! Quero ver a cara daqueles que dizem aos europeus que, de onde viemos, só existem barzinhos e casas enormes com piscinas, não quero perder isso por nada. Amanhã de manhã, se a patroa também for lá, direi a ela que é mentira, que há muito mais casebres do que mansões, muito mais gente com três madras do que com dois. O terceiro, aquele na altura dos rins, nunca é apresentado no 'seu folclore'."

Quando algo não agrada a Solange, ela atribui a alguém: assim, ela me atribui "um" folclore.

27 de março

Terminei de ajudar a velhinha; o enxoval está pronto para ir à casa de repouso. Assim, visitei aqueles que sofrem, confortei aqueles que choram! As crianças tiveram notas excelentes, minhas horas extras são recompensadas ao fazer com que leiam. Por que então não aceitar a proposta da Solange e visitar aqueles que riem e dizem que a vida é um mar de rosas?

Havia muitos deles lá, na festa, e a sala estava lotada. Entrei no meio da multidão e procurei no horizonte um velho filantropo antilhano que mora em Toulon. O velhote estava lá, apoiado em uma bengala. Ele parecia surpreso com a pompa obrigatória da reunião, em que cada família teve que apertar os cintos para pagar os trinta francos exigidos como contribuição.

Houve discursos, arroz à moda crioula, ponche e madras.

O capelão dos antilhanos e um provençal erudito falaram coisas encantadoras de improviso sobre as Antilhas. Logo depois, oradores, pouco acostumados ao microfone, travaram uma batalha alucinada entre o texto escrito e o sistema de som. Durante a cena, Solange me chutava por debaixo da mesa para chamar a minha atenção. Foi quando o velhote trouxe um assunto bom para ser discutido em uma igreja, assunto que toda a gente evita sempre que pode. Ele disse:

"Todos os homens são irmãos, não deve haver barreira entre as epidermes, e as visões de mundo devem ser discutidas normalmente, e não se tornarem objeto de ódio."

As mulheres desses homens, que têm antilhanas trazidas sob encomenda e que fazem diárias de catorze horas, não aplaudiram. Solange então se levantou e gritou "Bravo!". O marido lhe puxou o vestido para que ela se sentasse, ela bateu palmas e pediu "Bis". Eu estava sentada entre o marido de Solange e um professor de não sei o quê. Esses espíritos malignos dos quais brotam histórias doentias são horríveis! Claro, ele não percebeu que eu estava incomodada, minhas orelhas de chocolate não coram, e ele foi em frente com tudo!

Eu não tinha vergonha de não ser culta. De que serve passar o tempo dissecando Voltaire e outros tantos para, no final, dizer tais disparates? Caramba, o que um cretino desse naipe ensina a seus alunos?

Solange provavelmente pensava igual. Ela está produzida, manicure, pedicure, cabeleireira, não poupou em nada; se não falasse sem parar em patoá, diríamos que era a própria Maria Montez! Ela encolheu os ombros e, colocando um pouco de água no seu vinho, disse:

"Isso alivia a tensão!"

O senhor corou e virou-se para os outros presentes!

Naquela noite, enquanto escrevia para você, Carolina, disse a mim mesma: dez quilos de laranja a duzentos francos dariam cinco pacotes para os pacientes antilhanos que estão nos hospitais, às vezes sem visitantes ou amigos! Passei muito tempo me revirando na cama tentando dormir. A consciência é algo que deveríamos colocar ou tirar quando quiséssemos, infelizmente ela está atrelada ao nosso corpo, e, naquela noite, mais de uma pessoa devia estar envergonhada com a sua.

"Suave sossego gozarás se de nada te acusar o coração. Não te dês por satisfeito, senão quando tiveres feito algum bem" (capítulo

6 da *Imitação de Cristo*). Lembrando disso, todos os eventos diários são autoexplicativos. O orgulho descomedido de alguns e a imensa ingratidão de outros são varridos por essas simples palavras.

28 de março

Enquanto ouvia discursos ontem e Cécile cuidava das crianças (ela se recusa a sair até a chegada do noivo), meus meninotes se comportaram bem quase todo o tempo. Chovia, eles não podiam dar um passeio ao ar livre, como tínhamos combinado. Decidiram então construir uma cabine para foguetes espaciais. Não foi difícil. Pegaram copos que escorriam na pia e os preencheram com soldados de chumbo. O resultado não demorou a aparecer. Dois ou três foguetes se chocaram, e os cacos de vidro encheram a minha lixeira.

30 de março de 1963

Enfim tiro os calçados e o cachecol. Sorrateiramente, ao lado da estrada, pequenas margaridas apontavam um caminho para o sol. No pátio da casa da vovó, há um pé de lilás que faz pouco tempo ainda estava lisinho, agora noto grandes moscas nos galhos esqueléticos! Aproximei-me para ver esse fenômeno de perto e reconheci botões que estavam prestes a ornar o arbusto, apesar do frio e da interminável geada deste ano. Também observei um pássaro planando no céu: acho que era uma andorinha! Marselha está revigorada, e as mulheres sentadas nos bancos públicos tricotam ao sol. Abri todas as janelas para dar as boas-vindas ao primeiro sol ardente do ano e desliguei o aquecimento. Não posso lhe dizer, Carolina, o que sinto com as mudanças de estação, para mim é uma eterna surpresa, acostumada que estava a uma terra sem inverno. Fico feliz em ver pessoas sem sobretudo curtindo o tempo bom. Quando os jogadores de petanca saírem com suas bolas para jogar, minha alegria chegará ao ápice, a estação dos ventos frios terá definitivamente terminado.

A vovó não estava acreditando! Fiz as suas malas, limpei a cozinha e a acompanhei até o ônibus que a levaria a uma casa de repouso perto do rio Durance. Ela me deu uma toalhinha de mesa de crochê, feita por ela, à mão, segundo suas próprias palavras. Não pude recusar, ela ficaria sem jeito. Ela ainda me garantiu, do fundo do coração, que não se esqueceria de mim em suas orações. Seus olhos, outrora azuis, ficaram cheios de lágrimas, emoção que também me contagiou. Dei meia-volta e gritei:
"Até breve! Seis meses passam rápido! Vou lhe escrever!"
Naquela velha mulher branca abandonada pela família, encontrei a minha mãe, que, em outras paragens, talvez tivesse precisado de ajuda, de assistência. No ônibus que me levava para casa, fiz a minha reza:
"Meu Deus, proteja aqueles que amo da solidão e do esquecimento."

31 de março de 1963

Carolina, posso realmente dizer que perdi tempo só porque não deixei o melhor que eu tinha na casa de "uma senhora"? Não! Terminei meu primeiro livro, só me resta colocar a palavra "fim", não me convenci a fazer isso, uma imensa apreensão me invade. Enquanto ainda não era um livro, todas as hipóteses me eram permitidas; às vezes, podia imaginar pessoas o rejeitando:
"Que fiasco!"
Em outros momentos, podia vê-lo nas mãos de "uma senhora", repetindo à sua princesinha:

"Oh! Você pode ler! Eu adorei."

Agora que terminei o livro, que não faço mais suposições e que escrevi pedindo conselhos a quem me permitiu conhecer você, sinto vergonha. É inexplicável, mas eu tinha mesmo o direito de maltratar a língua de Molière? Eu, uma pobre negra? Tinha eu o direito de dizer coisas bonitas em um francês meia-boca? É isso o que me preocupa! Os particípios irregulares vão embora justo no momento em que estou escrevendo uma frase! E minhas retinas tão fatigadas pelas madrugadas sem dormir fazem os toques da máquina de escrever dançarem quando trabalho à noite, de tal modo que não há uma linha que não traga consigo uma gralha! E a fala bonita daqueles que tiveram a sorte de estudar literatura, em que buraco ela se esconde quando sou eu que escrevo? Ouço então um imenso clamor e um monte de gargalhadas! A multidão diz: ela foi corajosa, tendo só o diploma do curso primário! Que atrevida! O clamor aumenta, ressoa na minha cabeça com tanta intensidade que acabo largando tudo para voltar ao universo do qual nunca deveria ter saído. Limpo o cocô de uma das crianças, descasco batatas e penso em procurar uma patroa. É a minha sina: só tenho que ficar no meu lugar e não vou me incomodar.

Escrevi para o repórter da *Paris Match* que falou de você como um náufrago que joga uma garrafa ao mar, de antemão sem esperança. Ainda bem que a primavera chega logo, estarei tão ocupada observando a minha cidade renascer que os pensamentos tristes não durarão quase nada.

Para me encher de ânimo, enquanto esperava por uma resposta pouco provável, li para as crianças trechos dos meus rabiscos. Hoje era o capítulo do vulcão, minha filha começou a chorar:

"É muito triste! Por que é tão triste?"

Não querendo entristecê-la mais, fechei o manuscrito.

As cinzas das memórias não são apenas restos de fogueiras. Há também as brasas de sofrimento, as achas de lenha da maldade, os ramos da ternura e do amor.

Meus filhos trouxeram seus calçados esburacados depois de um jogo de futebol muito intenso. Haverá custos adicionais para o casamento de Cécile, e o orçamento da família está mais do que apertado. Disse então ao meu marido que ia procurar trabalho, ele gritou como um infeliz: "Não quero que você vá estragar os seus dedos na casa dessas dondocas! Fique aqui! Dane-se o casamento! Dane-se que os calçados estraguem rapidamente, os meninos ficarão com eles um pouco mais de tempo!"

Quando ele perde a paciência, prometo tudo o que ele quer e, mesmo assim, faço o que me dá na telha. Parti para a Agência Pública de Mão de Obra, o funcionário encarregado de arrumar trabalho para secretárias e contadoras me avisou que não havia empregos de meio expediente. Como operária, eu poderia ser enviada para a fábrica de chicletes, mas seria preciso estar lá às seis e meia da manhã. Sondei as vagas para "domésticas". Não tive muita sorte, o funcionário leu a demanda: procuram-se pessoas, "alimentação e alojamento" fornecidos. Já tenho "alimentação e alojamento", então voltei para casa.

8

2 de abril de 1963

Meu filho perdeu o livro de história. Fui ao livreiro para comprar outro. Diante de tantas obras alinhadas, veio a ideia de pedir informações sobre como publicar um livro. Os livreiros são supersimpáticos, nada os surpreende, já que estamos perto do dia da mentira. O primeiro que vi, no alto da Canebière, era bonito, loiro, bem-vestido e elegante. Disse que eu tinha uma amiga que queria publicar um livro. Ele me olhou sem rir, com curiosidade. Pense um pouco, Carolina, eu carregava uma sacola de compras de crochê da qual saíam longas folhas de acelga, não impunha nenhum respeito. Mesmo assim, o senhor me respondeu com um ar bem sério:

"Escreva para a Gallimard, não há nada em Marselha, é uma pena, muitas vezes me pedem esse tipo de informação!"

Escrever para a Gallimard, não sou maluca! Eles não vão me responder. Mas não falei em voz alta e pedi meu livro de história. Ele não vendia livros clássicos, então comprei um gibi do Mickey Mouse e fui embora. Entrei depois na livraria Larousse, fui direto para o sujeitinho magro e de cabelo preto do caixa: contei a lorota da minha amiga que queria publicar um livro, ele me perguntou, parecendo interessado:

"Que tipo de livro?"

Eu respondi, e as palavras fatídicas caíram de seus lábios:

"Não tem nada em Marselha! Não tenho também o livro de história que a senhora quer! Diga à sua amiga para dar uma volta por Paris!"

Dar uma volta por Paris? Olha só, é uma coisa em que eu não tinha pensado!

Entrei em outra livraria da Rue Longue des Capucins, localizada perto de um hotel estranho, na frente do qual mulheres maquiadas esperavam de pé, paradas. O livreiro, grisalho e sério, não parecia surpreso; ele tinha o livro que eu procurava, senti que não precisava falar sobre minha amiga escritora e, de supetão, perguntei:

"Tenho um livro para publicar, o que eu deveria fazer?"

Ele tirou os óculos e, apesar das folhas de acelga que brotavam da sacola e embelezavam suas vitrines, disse:

"Mas que maravilha! A senhora deve escrever para o Sindicato dos Editores em Paris, não sei em qual bairro fica, mas sei que existe um! Uma futura escritora em Marselha, que bom, que bom!"

Ele não sabe o que escrevi nem o que poderia ter escrito, mas adorava o fato de haver escritores em sua cidade. Gostei da sua reação. Ainda triste, voltei para a rua, convencida de que as palavras do livreiro não eram uma brincadeira de 1º de abril. As folhas demasiadamente compridas da acelga estavam me incomodando, tratei então de dobrá-las na sacola. Pela primeira vez na minha vida, ia a uma Agência de Emprego para Faxineiras. Nos bastidores das Agências Públicas de Mão de Obra, o indivíduo que entra pode escolher o emprego; numa agência para domésticas, não há escapatória. Todo mundo sabe o que acontece com as mulheres que vão lá.

Subi os seis andares até a agência. No vestíbulo, seis cadeiras de madeira, enceradas por tantas saias miseráveis, já estavam ocupadas por mulheres cheias de esperança de encontrar um trabalho. As belas senhoras que procuravam uma

empregada não se instalavam junto a suas futuras faxineiras, elas têm prioridade e entram na agência sem fazer fila.
Observam com uma óbvia curiosidade aquelas que são obrigadas a esperar.

Perto de mim, de pé, uma senhora esperava sua vez de
entrar na agência; ela tinha um cheiro bom, as mãos bem
cuidadas e um olhar de abutre. Ela me olhava... me olhava,
com aqueles olhos cruéis. Ainda bem que as empregadas não
eram oferecidas aos gritos; rapidamente ela teria me levado. A
senhora enfim entrou na agência e perguntou à agente se me
conhecia. A agente, que nunca tinha me visto, disse à senhora
que esperasse um pouco e me fez entrar. As outras mulheres,
que estavam lá antes de mim, ficaram resmungando.

Não há nada mais doce do que uma agente de empregos!
Ela quer agradar todo mundo e se esforça para criar uma relação de confiança entre empregadores e empregadas. Imediatamente eu disse que procurava um emprego de meio expediente. Ela não pediu meus papéis nem perguntou meu
nome. Eu agradava a senhora com olhar de ave de rapina, e
isso lhe bastava.

Gentilmente, a agente me perguntou se eu não podia dar
um jeito e ficar o dia inteiro disponível, o almoço não estaria
incluído no meu pagamento. Como cozinho sempre mais do
que é preciso para a garotada, não tenho interesse no almoço
alheio. Além disso, preciso ao menos de um turno para cuidar
da minha própria casa; por isso, recusei. A atendente, com seu
melhor sorriso, disse que eu estava perdendo uma oportunidade de ouro. A patroa saiu sem olhar para mim, ela não compreendia como eu podia recusar a sua oferta.

Tive que explicar à agente que um papel da sua firma me
designando um empregador era uma espécie de bilhete de loteria cujos benefícios ou riscos eram por minha conta, mas
que ali, ao me deparar com o olhar de águia e os lábios finos

da patroa, percebi que não valia a pena me embrenhar na intimidade daquela senhora.

"Oh!", ela respondeu, "não confie nas aparências!", e me passou meia dúzia de endereços em lugares tão distantes de onde eu morava que fui obrigada a abandonar minhas buscas por hoje. Só não podia voltar da cidade sem ter feito algo de bom, fui a um fabricante e peguei uma grande pilha de pijamas de baetilha para serem costurados: quatro francos por duas peças, precisarei ralar como uma condenada para ganhar oito francos por um turno de trabalho. Pelo menos vou poder encontrar a patroa que mais me apraz.

E, para ganhar coragem, Carolina, olhei o cartaz de uma propaganda de viagens: havia um anúncio elogiando o Caribe e mostrando garotas indolentes acenando lenços de adeus. Minha alma caiu na gargalhada, ela já viu mulheres suadas carregando enormes cachos de bananas, ou então curvadas nas plantações de abacaxi, ou ainda amarrando um monte de cana-de-açúcar sem pausa para o xixi. E minha alma gritava:

"Enganem, continuem enganando, já que a vida é uma grande mentira."

Eu precisava calar o que vinha do fundo da minha alma, arrumei de novo a acelga na sacola e disse em voz alta:

"Tenho que voltar para casa e dar um jeito nisto aqui!"

Uma mulher ao meu lado sorriu, e minha alma definitivamente se recolheu à sua carapaça: há muita coisa a ser feita agora para eu deixar a minha alma se divertir em passeios pelas Antilhas.

8 de abril de 1963

Minha pobre Carolina, só consegui costurar quatro pijamas em seis dias! Tive que interromper meu trabalho a todo momento por qualquer bobagem, para dar meias ao meu marido, fazer o dever de casa com meus filhos, bater papo com a vizinha ou o carteiro: não foi muito inteligente abrir um ateliê de costura em casa! Acabo de entregar os pijamas e, desesperada, me encontro diante da agente de emprego. Ela me cumprimentou, dizendo: "A senhora chegou em boa hora, há uma vaga na frente do ponto de ônibus da sua casa, perto do zoológico". Anotei rapidamente o endereço, era muita sorte evitar dois quilômetros de caminhada para chegar, já sem fôlego, ao trabalho. Tudo foi muito rápido: fui contratada imediatamente, sem hesitação. Ela é uma senhora idosa, de cabelos tingidos. Seu vestíbulo é um museu; a sala de jantar, uma lanchonete; a cozinha, um laboratório. Ela me perguntou se eu sabia cozinhar. Isso é uma pergunta que se faça a uma mãe de família? É algo que se aprende mais rápido do que os bons modos numa mesa com três ou quatro copos ou com duas ou três facas. Mas ainda seria bom fazer um estágio com um técnico em eletrônica para conseguir usar todas as coisas da cozinha que funcionam ligadas à tomada.

Além do mais, nesta época em que todas as mulheres de fino trato têm a mania de serem magras como um palito, qualquer pessoa pode se autodenominar cozinheira. Se você viesse à Europa, Carolina, veria tudo isso: nada leva manteiga, nada se cozinha com carne de porco! Sem massas folhadas, sem molhos de dar água na boca! Cenoura, alho-poró, leite desnatado, carnes assadas, tudo a gosto, em cozinhas na verdade feitas para fazermos cremes suculentos, massas gordas, coisas que ficam no fogo baixo por horas! Com tudo isso, como eu não seria uma cozinheira?

Em seguida, a senhorinha de cabelos ruivos me emprestou uma espécie de avental azul de tecido grosso, eu parecia um mecânico, o que a agradou. Ela pôs para funcionar os instrumentos do seu laboratório. Para ralar seis cenouras, ela montou um aparelho de oito peças que poderiam tranquilamente ralar os meus dedos se eu não prestasse atenção. Ela me fez recomeçar toda a operação para que eu entendesse direitinho, uma vez que, ela declarou, eu iria usá-lo com frequência. O tempo gasto nesse trabalho meticuloso certamente seria suficiente para ralar um bom quilo de cenouras com uma simples faca de vovó. Depois foi a vez de mostrar a iogurteira e a torradeira. Em seguida, ela me disse que eu deveria trabalhar cinco horas, das nove às catorze horas. É um horário que não me agrada, gosto de voltar para casa ao meio-dia. Mas a vantagem é o ponto de ônibus perto. Eu aceitei.

10 de abril de 1963

Minha nova patroa me disse: "Somos apenas duas, a senhora não terá muito trabalho", e logo depois sua filha voltou da temporada de esqui na montanha com os dois filhos: um menino de sete anos, insignificante e malcriado, e uma adorável bonequinha de dois anos. A bonequinha tem um jeito enfermiço e de malcuidada; tendo em vista sua aparência, se fosse uma criança do meu bairro, já haveria atrás dela uma legião de assistentes sociais para saber se ela não sofria maus-tratos. Para andar, ela se apoia nas paredes; há algo de amável nesse bebê puxando o meu uniforme de maquinista.

12 de abril de 63

No primeiro dia de trabalho na casa da patroa, trouxe comigo uma marmita. Ela disse: "Não precisa de uma marmita, aqui não é uma cantina! Sempre haverá algo para comer!". Assim, no dia seguinte, não levei nada de casa para o almoço. A patroa disse aquilo, mas seu marido olhou para mim de pé, com meus setenta quilos bem distribuídos, e disse: "Essa mulher deve comer feito um animal!".

96

Ao ouvir a frase, perdi o apetite e, de noite, voltando para casa, senti meu estômago roncar, pois tinha hesitado em comer direito.

13 de abril

Carolina! Sinto que minha escrita vai se fartar de rir! O patrão, um velhinho de olhar inexpressivo, voltou trazendo ostras. Ele me disse:

"Senhora? Há vinho branco na geladeira? Eu trouxe ostras!"
No meu lugar, sua esposa respondeu de modo imperativo:
"Não!"
O senhor retrucou:
"E aquele vinhozinho branco que daqui a pouco azeda, a gente nunca vai beber?"
A patroa o deixou ir embora, me fez encher uma garrafa com um vinho vagabundo e, por fim, resmungou:
"Está bom assim!"
O marido retornou, me fitou com seus olhos vazios e disse:
"Gosta de ostras?"
Sem me olhar, a patroa respondeu:
"Se ela não gosta, não muda nada! Ainda tem uma sardinha em conserva de ontem!"
O senhor respondeu:
"Ou ela gosta, ou ela não gosta!"
Com insistência, a patroa disse:
"Talvez ela não goste! A outra negra também nunca comeu enquanto esteve conosco!"
A outra! Mas eu amo frutos do mar! Para ajudá-los, disse:
"Eu gosto mais de mexilhões!", e me contive para não cair na gargalhada.
Na hora, o patrão aproveitou para replicar:
"A senhora vai comer como todo mundo! Iremos comprar mexilhões, não é?"

A patroa, radiante, retorquiu:

"Olha só, ela não gosta!"

Bem, eu adoraria ter provado umas duas ostras, elas estavam entreabertas, suculentas, mas como eu não deveria gostar delas, era preciso me resignar!

13 de abril

Ainda de uniforme azul, fiz o serviço em um ritmo frenético: foi a primeira vez que aconteceu comigo, e me diverti. A tal ponto que esqueci a hora de partir, ocupada que estava em organizar os instrumentos do meu laboratório. A patroa gostou da cena e dignou-se a sorrir.

14 de abril de 63

Hoje a filha da patroa comeu com a família. Ela é uma líder por natureza, tem uma voz autoritária e o ar daqueles que não passam necessidade! Pelo telefone, solicitou uma babá, como quem solicita produtos na mercearia. Depois disso, me lançou um olhar desconfiado e disse à governanta, responsável pelos empregados da casa, que eu entendia bem o francês, acrescentando:

"E o trabalho? É proporcional?"

A governanta respondeu:

"Sim! Ela é rápida, poderá ajudar a lavadeira!"

Ela se virou para mim e me perguntou onde eu tinha aprendido a falar francês. Respondi:

"Em Trinidad!"

Certamente sem saber onde fica no mapa, ela deu as costas! Fiz mais de dez quilômetros entre a cozinha e a sala de jantar! Ainda não tinha servido os outros na mesa, não é nada engraçado, Carolina, especialmente se esses outros dispõem de uma campainha elétrica para chamá-la.

Começo a guardar os instrumentos do laboratório e, de repente, um forte TRIMMMMMMM me faz largar tudo! É a patroa que quer um prato, trimmmm! É o menino infernal que deseja reaquecer sua alcachofra sem que ela ferva! trr-rimm e trrrrrrimm nesse vaivém me embaralho toda! Passo o saleiro quando o patrão deseja a mostarda e fico sempre a ponto de cair na risada. O patrão descasca uma banana raquítica dizendo que ela tinha vindo direto das Antilhas! Bananas como aquela devem vir de Tenerife, mas não dos trópicos! Tudo era muito divertido, mas naquele dia as minhas pernas não aguentavam mais.

A governanta veio me dizer para terminar a louça de uma vez e ir logo passar seis lençóis antes de partir. Não ia levar muito tempo, mas era preciso borrifá-los com água, pois a filha da patroa só gosta de lençóis completamente lisos! No final, estava eu lá, suando e bufando, para que todas as dobras dos tecidos ficassem passadas melhor do que se tivessem saído de uma lavanderia. Fui embora às quinze horas, sem que a patroa me dissesse nada!

15 de abril de 63

Como não suporto fazer corpo mole, meu horário de trabalho na casa da patroa fica cada dia mais longo. Hoje a governanta me disse para levar as latas de lixo até o subsolo usando a estreita e tortuosa escada de serviço. Não dou a mínima, Carolina, mas tenho uma caderneta em que anoto minhas horas extras: haverá gritos e dentes rangendo no dia do pagamento. Em seis dias, acumulei cinco, gerando um interesse admirável por parte da governanta, que, sob qualquer pretexto, me impede de sair na hora certa.

16 de abril de 63

Fui ao subsolo deixar as lixeiras, uma luz fraca iluminava meus passos e o cheiro de mofo prevalecia. Eram duas da tarde e estava difícil me convencer de que adultos como eu não sentem medo. Debrucei-me sobre a lixeira e tive a desagradável impressão de uma presença atrás de mim. Logo abaixo da escada, havia uma sombra. A minuteria desligou e ouvi um pequeno estalo. Pulei para o lado. Com uma voz átona, que estranhamente ecoava, gritei:

"O que é isso?"

A sombra apertou o interruptor e uma luz bem-vinda dissipou meu medo. Uma voz trêmula me respondeu:

"Sou a zeladora."

Na penumbra, vi avançar lentamente um esqueleto vestido de mulher, que logo falou:

"Eu moro ali!"

Ela me mostrou um compartimento do porão, provido de uma porta.

Fora de Paris, eu nunca tinha visto aquilo! "Não é possível", eu disse. Ela respondeu:

"Mas é verdade! Há dezoito anos que vivo aqui! Imagina, sem sol durante dezoito anos, com luz artificial, inverno e verão! Meu marido morreu já faz um tempo, o canário que estava na gaiola também! Imagina, pouco a pouco ambos foram asfixiados pelos gases que entram pelo respiradouro! Nenhuma planta pode resistir, e as flores murcham rapidamente quando, por sorte, as compro!"

Ela se inclinou para a frente e me encarou com interesse:

"Mas a senhora é negra... como a outra que se foi. Tínhamos feito um quarto ali para ela." Ela me mostrou um compartimento do porão. "Ela não ficou, pena!, tinha medo de acabar como o canário, com aquela fumaceira saindo dos carros, bem na frente do respiradouro, entende? Venha ver o quartinho!"

Ela abriu a porta. Nunca tinha visto nada mais triste do que essa miséria sem sol: uma cama mal-arrumada, cheia de calombos, duas cadeiras bambas, móveis tortos. Ela apontou para um buraco perto do teto, protegido por um vidro espesso.

"Faz muito tempo que não o abro. Quando me atrevo, cai um monte de poeira em cima de mim. Meu marido abria depois da meia-noite, quando passavam menos carros; a propósito, foi justamente assim que ele ficou doente!"

"E os patrões? O que eles estão fazendo pela senhora?"

"Nada, eu estou aposentada agora! A aposentadoria dos velhos! Antes, eu era a governanta, mas fiquei velha, e fui alojada aqui. Eu limpo as escadas: a família toda mora no prédio, primos, agregados! Eles compraram tudo! Cada vez tenho menos trabalho, sou muito velha, me disseram para morrer em outro lugar! Depois da Páscoa, irei morar num lugar para velhos como eu! Quando estou doente, fico dias sem que ninguém venha me ver! A outra negra me trazia tílias de noite! A senhora vai morar aqui?"

"Graças a Deus, não! Mas quem são seus patrões?"

"Um cara importante do porto! A senhora sabe, eles são bilionários!" Sem amargura, a velha acrescentou: "É preciso ter ricos e pobres, não é? A senhora sabe bem que não deve ficar aqui! Quando eu for embora, eles colocarão uma empregada lá, lembre-se do canário".

Havia despejado o lixo e me sentado na lixeira. Teria preferido dormir ao relento a neste calabouço infame. Disse à senhorinha que eu tinha uma casa embaixo dos pinheiros, longe da cidade! E acrescentei que meus filhos corriam pelas veredas em busca de ameixas silvestres, e contei como as amendoeiras floresceram em abundância no interior da Provence neste ano. Em seguida falei sobre a minha terra. Como ela me era todo ouvidos, como uma criança a quem contamos uma linda história, esqueci os patrões e a sua cozinha. Também lhe disse que, de onde eu vinha, as casas são inundadas pelo sol! Falei do sol para que ela se esquecesse de tanta sombra, nem que fosse por um momento. Isso levou um tempinho. Quando voltei, vi a cara da patroa! Ela não parecia nem um pouco feliz! Expliquei que tinha dificuldades em fechar a porta do subsolo. De qualquer forma, os vinte minutos que passei lá embaixo são responsabilidade minha, não vou computá-los no meu caderninho. É uma loucura ver esse tipo de coisa nos porões de uma casa rica. Não tinha mais vontade de rir, estava absolutamente incomodada em trabalhar para pessoas assim.

Disse isso a Cécile, que tinha saído da fábrica de biscoitos; terminada a temporada de trabalho para ela, é hora da pausa. A pausa, do seu ponto de vista, é a doce expectativa do matrimônio, pois em breve ela vai se casar, e seu noivo chega na próxima semana.

18 de abril de 63

Tenho só a noite livre para recapitular a minha vida de cozinheira, e por vezes esqueço que estou louca à espera do carteiro que trará a resposta do jornalista, a quem havia escrito para falar sobre o meu livro. Implacáveis, as crianças disseram que ele certamente estava morto, que os verdadeiros jornalistas fazem reportagens em lugares improváveis! Consultei as últimas *Paris Match*, não havia nem uma mísera nota informando a morte dele. O silêncio pode ser interpretado de várias maneiras. Pode ser um sinal de tédio, uma manifestação de desprezo, um momento de desatenção, há também silêncios carregados de esperanças ou preocupações. Nesse silêncio que é a minha sina, não há nem rancor nem amargura; estou simplesmente curiosa. Se ele escrevesse para mim "Prezada senhora, o que a senhora escreveu é um fiasco", eu diria "Pois é, pode ser verdade, mas o que desagrada uns não necessariamente causa repulsa em outros". Nos últimos tempos, as crianças estão devorando minhas histórias de sol e frutas, é encorajador, consigo esquecer que já faz duas semanas que convivo com aquela família.

Hoje o patrão trouxe ouriços, fitou-me com seu olhar sem expressão e disse:

"Vou abri-los! Imagino que a senhora não goste de ouriços, não é?"

Respondi de imediato:

"Pelo contrário, eu adoro!", mas na minha cabeça eu gritava "Blerg!".

Nunca gostei de ouriços pretos, com casca e espinhos. Quando os comprei, em Fort-de-France, pesavam duzentos e cinquenta gramas e eram marrons, ouriços pretos nas Antilhas têm fama de venenosos. Os que havia comido até então tinham um gosto entre o abacate e a banana e cheiravam a mar.

Disse que sim a esse desagradável e guloso senhorzinho para ver a cara dele.

Foi a esposa quem reagiu:

"Como assim? Ouriços-do-mar para a cozinheira é uma maluquice! Além do mais, sobrou o *ratatouille* de ontem, quem vai comer esse resto?"

Eu estava rindo por dentro de novo! O patrão disse:

"Já que ela gosta, que se vire para abrir os seus."

Bruscamente, ele jogou seis ouriços em um prato. Abri esses bichinhos malditos, coloquei-os num saco com o macarrão e o *ratatouille* em cima da lixeira, junto com um pedaço de pão, e, no momento em que todos saboreavam o café, fui ao porão visitar aquela velha sombra. Disse-lhe que me deram a refeição e que, quando chegasse em casa, iria cozinhar para mim. Ela parecia assustada. Pegou o pão e o resto, disse para jogar fora os ouriços, não aguentava aquilo.

O ruído de uma voz me trouxe de volta para a realidade. A velha senhorinha disse:

"Saia depressa! Se a patroa souber que estamos de conversinha, a senhora será posta no olho da rua!"

Carolina, na verdade, tenho vontade de sair desse trabalho. A patroa me pediu para ficar com as chaves ao sair: assim ela não precisaria abrir a porta para mim. Ela me examinava atentamente, e meu olhar não conseguia se dobrar, eu queria mesmo lhe dizer:

"Você não tem vergonha na cara de deixar sua antiga empregada terminar seus dias como um fantasma lá embaixo?"

Ela virou a cabeça sem me perguntar nada.

19 de abril de 1963

A patroa me deu dois quilos de ervilhas para descascar; sua filha, que rondava de négligé de um lado para outro, disse:

"Não é suficiente, nós somos oito!"

Comprimindo os lábios, a patroa respondeu para todo mundo ouvir:

"Não, somos cinco, as crianças não comem e as 'outras' não contam!"

As outras eram: a babá, a mulher que passava roupa e eu. Essa falta de tato quase me fez ter um troço. A jovem babá tinha ouvido: da varanda onde ela estava, corou até as raízes de seus cabelos loiros e me direcionou um olhar desesperado. Deixei cair o negócio de picar cenoura, sei que a patroa não gosta que joguemos os instrumentos do laboratório no chão, mas não me mandou embora.

9

20 de abril de 1963

Dizendo estar com uma febre alta, a babá saiu: a família da patroa se surpreendeu, precisavam almoçar na cidade, e era o dia de folga da governanta, então recebi um avental branco e me disseram para tomar conta das crianças. O garoto fez um escândalo tão grande que o levaram junto, deixando comigo o frágil bebê de olhos doces. Quando todos se foram, a fofurinha veio andando na minha direção, me livrei das panelas que segurava e a peguei nos braços. Ela aninhou a cabeça no meu ombro como se sempre tivesse feito aquilo. Dei um beijo naquela coisinha que tem avós tão desagradáveis. A presença de pessoas inocentes em ambientes como aquele faz bem. Depois tive que adicionar uma ampola de não sei o que ao purê de cenoura enlatado, que ela devia engolir. Ela não queria comer, provavelmente estava farta dessas comidas de nutricionistas e babás. Peguei um aparelho no laboratório e pus para grelhar duas lindas bananas que tinha comprado na mercearia do bairro. Peguei uma colher e dei de comer àquela fofura, que abriu a boquinha diante de um cardápio tão inusitado.

Sem remédio nem choro, ela brincou e adormeceu enquanto eu cantava uma velha cantiga crioula.

Às duas horas da tarde, toda a cambada estava de volta, a vovó logo perguntando:

"Cadê a Evelyne?"

"Ela está descansando", respondi calmamente.

A mãe da bebê disse:

"Mas o que ela tem? Ela não está doente, né? Não está com febre?"

Ela acordou a menina para aferir a temperatura: a garotinha que dormia tão feliz começou a berrar. Quem procura, acha! O avô teve a ideia de pedir a minha receita para deixá-la tranquila daquele jeito. Se tivesse lhe contado o lance das bananas grelhadas, ele teria chamado o médico para ver se o estômago da menina não estava perfurado. Cheia de vitaminas, a garotinha cantava nos braços da sua avó, que continuava a me olhar com curiosidade. Pela primeira vez desde que eu estava lá, ela perguntou sobre mim mesma:

"A senhora está acostumada com crianças, pelo visto: é a primeira vez que vejo Evelyne alegre depois de uma refeição! A senhora tem filhos."

Eu não podia acreditar! Ela nunca me chamou pelo nome até aquele momento, só soava a campainha: duas vezes para a negra, uma para a governanta. Eu não podia acreditar! Ela perguntou o meu nome! Eu disse Jacqueline! Também poderia ter dito Renélise ou Pierrette, tenho certeza de que ela nunca vai me pedir meus documentos de identidade. A menos que eu esteja determinada a ficar legalizada, ou que lhe entregue meus documentos, mas até lá...

A euforia teria durado mais tempo caso o garotinho infernal não tivesse me dado uma botinada na perna.

Esqueci que a família estava interessada em meu nome e ameacei dar um tapa no menino. Ele nunca tinha ouvido algo assim na vida, olhou para mim, surpreso, tão surpreso quanto sua avó, que voltou a comprimir os lábios. O avô observou:

"É verdade, teremos que dar uma lição no menino se ele começar a agredir as empregadas."

Carolina, ninguém disse que era errado, vi que ele estava pronto para fazer de novo. Estou convencida de que não será comigo, ele não ousaria, mesmo assim...

21 de abril

Entretanto, não dei tapa nenhum, e eles ainda não digeriram o fato de que eu tive a audácia de ameaçá-lo! Enquanto fazia a minha corrida diária, da sala de jantar à cozinha, a filha da patroa, deliberadamente ignorando minha presença, lançou no ar: "Que ideia você teve de contratar essa Baker? Você viu, ela nem usa mais o avental de serviço! A anterior nunca teria ousado ameaçar dar um tapa no Gilbert! Que mundo é esse!"

Ela não me dirigia a palavra e eu não me metia em nada, mesmo naquilo que poderia dizer respeito a mim, estava muito ocupada salgando, aquecendo o macarrão, esfriando o assado.

Minha alma voltou à tona e dizia:

"Continue falando ao vento, cara senhora! Se o moleque continuar a chutar as minhas canelas, você verá como vai ficar o bumbum dele: dois bons tapas e ele vai entender. Além do mais, querida, é hora de se retirar!"

Carolina, como é bom poder ouvir essa voz interior e pensar que, quando queremos, podemos fazer o que ela nos diz! Isso era tão agradável que eu nem escutava os trimmm exagerados ou autoritários daquela família.

Pensei então na "outra" que não ousaria fazer o que fiz. De que buraco ela tinha vindo? Que navio desgraçado a jogara na França e que infortúnio a levara para a casa daquela gente intratável? Quando sair de lá, haverá ainda uma "outra" como a "outra" que me precedeu, sem que eu nunca consiga saber quando isso vai parar.

Aquela coisinha mais fofa saiu da cadeira e correu na minha direção, ela não comeu nada da papinha, olhou para mim, percebi que estava pensando no café da manhã do dia anterior; nem sequer me atrevi a pegá-la, ficaria realmente magoada se a ranzinza da avó, ao perceber isso, a fizesse descer na hora, com alguma palavra humilhante.

Encontrei o noivo de Cécile, ele não quer adiar o casamento nem por uma semana. Ele já está aqui e quer sacramentar o matrimônio logo, saí para apressar as formalidades na prefeitura, sábado é o tão esperado dia de celebrar o acordo nupcial com a bem-comportada Cécile.

Ela quer me ajudar, disse que tenho talento, descobriu o endereço de um agente literário e escreveu uma longa carta com todo o capricho. Achei que era bom ter uma secretária, só tive de assinar e estava tudo certo. Cécile me disse:

"É inacreditável que a senhora não fique em casa para escrever mais um monte de coisas!"

Escrever é bonito, mas, como diz meu marido, não se come o papel à vinagrete. Vamos ver o que dirá o tal agente literário: tomara que ele não fique mudo como o jornalista da *Paris Match*! Seria o fim das ilusões do meu mundinho.

30 de abril

Desde que comecei a vestir um belo avental de náilon, relegando o uniforme azul da patroa à parte de trás da porta de um armário, sabia que esse crime de lesa-majestade não seria perdoado, e eu me perguntava como ela faria para se vingar. Hoje ela me disse que estaria no comando do laboratório, e que caberia a mim decapar e encerar os cômodos da casa. Seis cômodos de quarenta e dois metros quadrados cada um! Esfregar centímetro por centímetro para remover uma cera que estava ali por quase meio século! Desde a época memorável das empregadas bretãs como a famosa Bécassine!* E pensar que meu suor estava pronto para molhar os ladrilhos rebeldes com as melhores esponjas de

---

* Empregada doméstica protagonista da história em quadrinhos da revista infantojuvenil *La Semaine de Suzette* (1905). O sucesso da personagem fez com que *bécassine* entrasse no vocabulário francês como sinônimo de garota provinciana e ingênua.

aço! Fiz um cálculo rápido: duzentos e cinquenta e dois metros quadrados de parquê em quatro horas. Mil francos pelas quatro horas! Vinte e cinco centavos de franco o metro quadrado de energia! Era muito pouco! Comecei dobrando meu avental de náilon e pedi à patroa para me pagar o que ela me devia: nada mais natural, já que estávamos no fim do mês! Você acredita, Carolina, que ela estava contente com a minha partida? Ela pediu um tempo para me substituir. Trabalho quando eu bem quero, dependendo dos meus caprichos e das minhas necessidades, e não lhe dei tempo de repetir. Disse: "Nem um segundo a mais, caso contrário eu não respondo por mim". Fiquei com muita raiva: pela primeira vez, ela me via assim. Ela tinha medo de que eu não respondesse por mim, mas não perdeu o norte, descontando uma semana do meu pagamento. Eu estava com raiva, porém ainda sabia contar, até reivindiquei as horas extras acumuladas desde a minha chegada; caso contrário, iria à Inspeção do Trabalho, que também está lá para mim, não é? A patroa pensou que eu sabia coisas demais, ela precisava de negras vindas diretamente do mato, que nunca ouviram falar sobre direitos sociais. Ela me pagou e me deixou ir embora.

Despedi-me da velhinha do subsolo e levantei voo, feliz da vida, feliz de nunca mais ter de encontrar aquela gente.

Ainda carrego a imagem daquela fofura aninhando sua inocente cabeça no meu pescoço, e também aquela de um ser sem familiares e sem amigos, vivendo em um porão sem sol, na casa de gente sem coração.

1º de maio de 1963

É Dia do Trabalhador, e há lírios-do-brejo em todos os lugares, até ousaram fabricá-los de plástico. As pessoas que os compram olharão para eles por muito tempo, e a deliciosa expectativa do belo mês de maio não terá mais sentido, visto que a cada dia as flores inodoras estarão lá para lembrar que maio já passara. Estamos organizando o casamento na minha casa, cada um já tem o seu traje de cerimônia. O sol está por toda parte, e lamento quem não pode aproveitar.

3 de maio de 1963

Solange veio de Citroën 2CV dar uma ajuda. Não temos um laboratório equipado, mas como é bom aquilo que produzimos com as próprias mãos, bolos de coco, massas folhadas; Solange aprendeu a fazer pizzas na casa de uma corsa, paella com uma espanhola, rolinhos primavera num restaurante chinês. Ela tagarela, fica acelerada; diz que vai partir, para "subir de patente", e caímos na risada como só nós sabemos fazer.

"Vou trabalhar como cobradora no metrô, furando os bilhetes, já que Defferre não decide nunca colocar metrô em Marselha! Se vocês pudessem ver a quantidade de negras trabalhando no metrô e nos hospitais! Até vi algumas nas lojas de departamento de Paris! 'Eles' levam a sério o fato de as Antilhas fazerem parte do território francês e aceitam que as antilhanas sejam mais do que faxineiras! A propósito, minha gente, há uma negra visível assim em Marselha: vocês têm que ver! Ela trabalha em um grande açougue na Rue Longue! Se vocês vissem o desfile em frente ao seu balcão! Todo mundo quer ver se ela sabe pesar direito, se ela sabe dizer 'Mais alguma coisa, senhora' ou 'De quem é a vez?'. A pobrezinha não para um segundo; e ainda tem os negros todos orgulhosos comprando no seu balcão."

Solange é irresistível, e tudo fica rosa quando ela fala. Ela olhou para minhas mãos com um ar sem muito entusiasmo, e disse: "Cuide de suas unhas, caramba! Fique atenta, seus dedos vão inchar se continuar usando os produtos de limpeza da patroa desse jeito". Senti vergonha da observação e parei de escrever à máquina para mandar meu filho à mercearia. É horrível, as mãos que esticam como elásticos velhos, os dedos que incham porque passam sem transição da água quente da banheira para a água gelada de uma bacia. Na casa das patroas, não dizemos: "Acabei de passar, estou com calor nas mãos, amanhã lavarei a pia". É exatamente quando você acaba de dar tudo de si em uma cozinha fervendo que aquelas que lhe pagam duzentos e cinquenta francos por hora sentem a necessidade de fazê-la enxaguar lingerie que não toleraria água quente. Chego a dizer: "Meu Deus, coloque-a na miséria por uma semana! Só uma, para torná-la uma pessoa mais compreensiva". Está vendo, Carolina? Escondi meus dedos! O moral sempre pode ficar de pé, a despeito do trabalho; já o corpo, como apanha! É preciso ser como a Solange, sempre com um pé atrás! Ela pretende furar bilhetes de metrô para conservar um físico digno durante mais tempo! Cécile está radiante, escuta Solange ao mesmo tempo que corta pequenos quadradinhos, formando uma montanha de pães de fôrma. Ela convidou uns jovens da fábrica de biscoitos e seu noivo, amigos militares. Empurrei os móveis para um canto para quem quisesse dançar, e pus flores por todo canto: desse jeito, acabei criando um clima de festa na minha morada.

5 de maio

Eles se casaram! Todo o bairro no adro da igreja! Cécile estava linda em seu vestido branco. Uma espectadora disse em voz alta: "Não sabia que trajes de festa caíam tão bem em negras, veja como todas estão bem assim!". Acho que estávamos mais do que bem! Nós estávamos mesmo elegantes! Eu usava luvas compridas, pois não conseguia deixar de pensar nas palavras da Solange, e meu chapéu fez sucesso! Solange tinha a desenvoltura de uma senhora de alta classe, e as outras mostravam que não eram antilhanas apenas no nome! Durante toda a vida, usaram apenas vestidos de verão e, naquele dia de maio, era o momento para se exibirem! E todos os bonitões que a noiva tinha convidado deixaram de queixo caído mais de uma que antes dizia não gostar dos negros. Foi de novo a Solange que veio com essa história ao entrar no seu carro com dois dos meus filhos. Depois, dançamos, esquecemos as patroas, esquecemos os rancores. Só pensamos na felicidade de Cécile, que estava falando em voltar para a nossa terra natal assim que possível. E depois ela saiu de mala e cuia durante a noite. Nessa manhã, sobram garrafas vazias, flores murchas, restos do banquete, lembrando que, de agora em diante, Cécile faz parte do passado.

6 de maio

Cécile se arriscou a escrever, o que gerou um resultado inesperado: o agente literário me respondeu. Em um belo envelope com papel timbrado, lia-se "Maméga, Escritora". Sentei na frente da porta, a emoção me deixou de perna bamba, olhei novamente para a palavra "Escritora" do envelope, esfreguei os olhos para ver se não estava me enganando: mas alguém escrevera mesmo "Maméga, Escritora". Chamei as crianças:

"Venham rápido! Vejam o que está dito no envelope!" Uma delas leu e perguntou para quem eu tinha escrito, não expliquei nada e disse:

"Para um sujeito aí! Olhe o que tem dentro!"

Sentada no meio da molecada, esperava o veredicto negativo do agente literário! Era certo que ele dissera "Escritora" para me encorajar a engolir o que viria a seguir: "A senhora é um asno", ou algo do tipo. Foi quando um dos meninos começou a ler, e eu toquei meus ouvidos, minha velha amiga Carolina, para ter certeza de que eram meus, a voz do meu filho dizendo: "Senhora, li com grande prazer os fragmentos do seu manuscrito, cujo final aguardo ansiosamente. Há muita poesia e um verdadeiro encanto nessas páginas". O pequeno lia, os outros ouviam. Foram apenas parabéns e incentivos. O agente terminava dizendo: "É aconselhável revisar o texto antes de apresentá-lo a um editor...".

Minha filha então disse:

"Ele compra o livro!"

Um dos irmãos pulou de alegria e disse:

"Então você não vai mais à casa das patroas, e vamos conhecer a vovó Doudou!"*

Conhecer a avó, não é este o sonho de todos os filhos dos desenraizados? A maioria deles nunca soube, ou jamais saberá, o que é ter de verdade uma tia, um tio, e quando seus colegas de classe com naturalidade falam de ir à casa da avó ou dar uma volta com o avô, eles se sentem frustrados. Nunca paro de lhes repetir:

"Quando a gente tiver dinheiro suficiente, vamos visitar a avó de vocês!"

Talvez você não acredite em mim, Carolina, mas toda vez que consigo fazer economias, o dinheiro derrete como neve sob o sol, pois a Páscoa floresce, e não quero meus meninos martinicanos nascidos em Marselha sendo menos primaveris do que os outros, ou é o Natal que se aproxima justo quando acabo de renovar o guarda-roupa das crianças antes da volta à escola. Não me martirizo, este é o destino de muito mais famílias do que se pode imaginar. Mas o que me aflige é quando em casa falamos da avó:

"Como é a vovó Doudou? Ela tem cabelos brancos?"

Explico como é a sua casinha, embaixo de uma enorme ameixeira, as galinhas bicando a seus pés. O mais velho me disse para apostar nos cavalos. Nunca jogo, pois é muito difícil

---

* Nas Antilhas, designação afetuosa atribuída a uma mulher.

ganhar alguns francos, não ganho nada, mas também não perco. Então lhes digo:

"Quando tiver escrito uma biblioteca inteira, terei dinheiro e iremos visitar a avó de vocês."

Hoje fui informada do primeiro livro da biblioteca, e todos os meus filhos já estão pensando na avó. Foi algo engraçado, Carolina, estávamos todos na frente da porta, esquecendo que tínhamos de entrar na casa, ansiosos demais pensando naquele lindo projeto, as crianças não deixando eu me mexer. Em seguida o pai deles chegou, estacionou a mobilete contra o plátano, ao lado da rua, as crianças correram e gritaram:

"Vamos para a Martinica ver a vovó Doudou!"

Imperturbável, ele respondeu:

"Ah, sim! Mas quem vai nos levar dessa vez, será o Papai Noel com uma caravela, ou vamos de outro jeito?"

Todos queriam contar, a carta, o homem da carta, as coisas escritas na carta!

Ele não perdeu o norte e me disse:

"Quanto vai custar para você publicar seus rabiscos? Você já pensou nisso?", e logo se dirigiu às crianças: "Não se esqueçam então de trabalharem bastante se quiserem pagar a publicação do livro da mãe de vocês! Enquanto isso, parem de fazer piadas".

Foi um balde de água fria sobre mim, e felizmente foi assim, existe um mundo inteiro entre o sonho e a realidade.

8 de maio

Carolina, se você soubesse como a Provence é maravilhosa, apesar das patroas malvadas que cruzam nosso caminho por aqui! Conversamos sobre coisas sérias em alto e bom som, com um sorriso que sempre me deixa feliz, mesmo quando, como hoje, sou invadida por pensamentos sombrios. De fato, não paro de me perguntar como vou levantar dinheiro suficiente para pagar uma editora, publicar um livro não é de graça. Nunca tinha meditado sobre isso antes. Pensava sobretudo na hora do almoço: "Como fazer para ficar um tempo sem trabalhar na casa de alguém?". É uma encrenca braba. Uma mulher bateu na minha porta, seus olhos estavam límpidos como o céu. Ela trazia um grande pacote de jornais. Primeiro achei que era uma representante comercial entregando panfletos, querendo emplacar, na sequência, a venda de um aspirador de pó. Não bati a porta na sua cara porque o sorriso dela era confiante, e as pessoas confiantes devem ser respeitadas. Queria gentilmente lhe dizer que minhas vassouras me bastavam e que ela poderia levar o seu aspirador de pó consigo. Não tive tempo de soltar uma palavra que fosse. Ela me entregou uma folha de papel impressa e me disse que viera em nome de Deus! Só isso! Como o normal é fazer tudo em nome de Deus, quis saber qual era a continuação daquilo. Bom, ela me garantiu que Deus morava na Provence, em Montfavet! Eu sabia que Deus andava por aqui, pois de manhã, a caminho de Trois Lucs, colhi um monte de lilases, embora alguns dias antes a natureza hesitasse tanto! E, apesar do meu desânimo, o sol entrava com tanto ímpeto por todas as janelas da minha casa que era capaz de revigorar qualquer um, por mais triste que estivesse! Talvez seja verdade então que Deus more mais na Provence que em Finistère. No entanto, é estranho que ele venha veranear aqui, mesmo que haja tantas coisas a fazer pelo mundo afora. Disse isso à senhora sorridente. Ela me respondeu que Deus estava vivíssimo, que vivia perto de Avignon. Ela enrolava a última sílaba das palavras, parecia piada pronta. Ri mais alto que São Tomás,* mas tanto que precisei sentar para me recompor.

---

* Possível referência a Tomás de Aquino (1225-74), visto como um defensor do riso na Igreja católica após seu *Tratado sobre o brincar*.

É claro que não zombei dela, ouço de bom grado quem fala de Deus, na verdade é um modo de virar a chave das minhas conversas habituais. Para me desculpar daquela alegria repentina, eu a fiz sentar e perguntei como era o bom Deus que vive na Provence. Ela não perdeu a linha e respondeu, iluminada por um fogo interior, que eu tinha ainda o ano de 1963 para me arrepender e ouvir a voz de Deus, tanto eu como os outros habitantes da Terra! Depois, o caos reinaria!

Que venha o depois então! Não tenho medo do depois! O meu depois fabrico durante o presente, com suor, lágrimas e perdões. Dizer isso àquela mulher tão segura de si seria orgulho meu? Mas eu queria pegá-la no contrapé. O depois dos homens, estou convencida, pode ser assustador ou radiante, seja qual for sua posição ou raça. Disse isso à senhora, sem rir, e acrescentei:

"Mas, no final das contas, não consigo acreditar que Deus esteja tão perto de mim e que eu não largue tudo para segui-lo, que ele seja tão pouco perceptível, estando tão perto de Marselha! O Meu, com a testa machucada, os pés perfurados e as costelas escorrendo ignomínia, eu reconheceria no meio da multidão. Ele está aqui, mas ainda não o vemos. Está esmagado na poeira, pisamos sobre Ele, e por ora Ele não consegue se levantar. Mas, quando Ele o fizer, felizes daqueles que poderão dizer 'Que venha o depois!'"

A senhora foi toda ouvidos para mim, me escutou com curiosidade, espantada. A seguir me disse que o Deus de Montfavet é um carteiro dos correios. Foi quando, Carolina, recomecei a rir e desisti de profetizar.

A senhora iluminada deixou alguns jornais e sugeriu que eu encomendasse livros milagrosos, porque o Deus da Provence é tipógrafo e comerciante como qualquer um! Oh! Que piada!

10

15 de maio de 63

"Se o agente literário pediu os meus escritos, por que não enviar?", disse a mim mesma, "ele os lerá na íntegra, e ainda tem tempo até ele me informar o valor para publicá-los." Dito e feito, comprei uma pasta bonita e coloquei minhas páginas dentro, até enviei uma remessa com comprovação de entrega! Não gostaria que as páginas fossem manuseadas sem cuidado, misturadas com documentos sem importância. Veja bem, Carolina, sou ambiciosa! As escritoras, acredito, têm escritórios com luzes apropriadas. O barulho não entra em seu santuário. Já eu, lhe escrevo à luz da enorme lâmpada da cozinha, enquanto as crianças estudam para as aulas de amanhã. Mas fico pensando em você, menos privilegiada ainda, com apenas uma lâmpada de querosene em uma favela, e digo para mim mesma:

"Mas você é uma sortuda, sua bruxa velha! Por que você está murcha assim?", e já recomeço a trabalhar nas primeiras páginas do meu segundo livro, não devo esperar ser uma milionária para fazer o segundo, corre o risco de demorar; como os filhos do lavrador, cavo, escavo, revolvo, certamente encontrarei um tesouro, de tanta paciência e vontade.

Além do mais, é preciso pensar nas férias: folheio os jornais, examino em detalhes os pequenos anúncios para encontrar um emprego que não me deixe presa o dia inteiro, sem que necessariamente seja um trabalho na casa de alguém. Após as roupas de inverno, é preciso pensar nas pequenas coisas para as férias, prometi aos meus filhos que os levaria a Paris, agora estamos olhando o que fazer lá. O que seria melhor para meninos criados no meio dos pinheiros do que uma viagem a Paris em pleno verão, quando tudo está calmo e a Champs-Élysées é visitada apenas por alguns poucos turistas! Combinado, mas necessito ganhar o suficiente para pagar pelo menos o trajeto, por isso encho minha casa de jornais e mergulho em todas as seções de oferta de emprego. Encontrei:

DOUTOR PROCURA UMA EMPREGADA ANTILHANA.

Também li:

FÁBRICA DE CHICLETE PROCURA JOVEM PARA TRABALHO SIMPLES.

Fui então à fábrica, não muito longe de casa. É preciso chegar às sete horas da manhã, pois as grandes empresas da região desconhecem o trabalho em regime de tempo parcial. Continuei minha prospecção e vi num jornal o seguinte anúncio:

HOTEL DE L'ARRIVÉE PROCURA COSTUREIRA, QUATRO MEIOS PERÍODOS POR SEMANA.

17 de maio

Apresentei-me no Hotel de l'Arrivée, perto do Harlem: havia na porta muitas mulheres belas, maquiadas e de vestido curto. Pedi para ver a patroa. Uma delas, parecendo insolente, disse:

"Qual é o motivo?"

"É para o trabalho de costureira!"

A mulher deu de ombros e respondeu:

"Olha só! Mais uma! Até agora já foram cinco a se apresentar, e não gostaram de nenhuma! Vai entender!"

Atravessei o corredor estreito e cheguei à recepção do hotel, uma negra imponente me encarou sem a menor delicadeza.

"Se é para alugar um quarto, estamos lotados!"

"Não, é para o trabalho de costureira!"

"A senhora sabe costurar?"

"Sim, o que tem que costurar?"

Ela não me respondeu e continuou a me lançar um olhar inquisidor.

"Aqui é um pouco diferente, não quero pegar uma costureira que vai me trazer problemas! É por quinze dias, sem registro, tudo por fora, e depois posso lhe encontrar um trabalho, todos os hotéis da redondeza precisam de uma costureira. O serviço consiste em cortar os lençóis usados ao meio e virar cada parte pelo avesso para prolongar sua vida útil. Há dois anos que não faço esse trabalho, e tenho um armário cheio! Por acaso é antilhana?"

"Sou!"

"Caso concorde em trabalhar sem ser registrada, a preferência é sua!"

Eu não ia reclamar por não ter direito ao sistema de segurança social, ela me oferecia três francos e cinquenta a hora, mais do que as outras patroas e do que a fábrica, onde só se ganha dois francos e vinte e cinco centavos; além disso, eu tinha direito a dez passagens de ônibus por semana para o trajeto! Disse que sim: começo amanhã.

18 de maio de 63

A hoteleira me acomodou em uma sala grande e vazia, com uma máquina de costura, linha e uma montanha de lençóis. Da porta de vidro, vejo mulheres entrando e saindo com cavalheiros a manhã toda, não acabava nunca. Saí sem rever a patroa. Uma mulher veio me pedir linha e agulha, pois um botão da sua blusa havia caído, e depois acrescentou:

"Trabalho de merda, hein? Está cheio de pó! Verifique se você está sendo paga corretamente, a chefe ganha dinheiro suficiente para isso!"

19 de maio de 63

Há mais lençóis do que eu pensava, e quanto mais corto e pedalo, mais eles se acumulam. Quando a hoteleira está ausente, as mulheres vêm falar comigo. Tem uma que chega completamente ofegante e é magra como uma modelo, ela entra no cômodo, empurra a pilha de lençóis que eu tinha colocado numa cadeira e se senta: "Ufa! Preciso parar um pouco! Estou cansada de tanto trabalhar!" Imediatamente pensei no trabalho que ela podia estar fazendo, mas nunca ousei falar no assunto. Como ela me disse que está cansada, perguntei por que continuava trabalhando lá, se ela não tinha uma casa, uma família.

"Sou casada", ela disse, "e foi justamente o meu marido que conseguiu esse trabalho para mim!"

Fiquei chocada e comecei a pedalar como uma louca.

22 de maio de 1963

O vaivém das mulheres não para, e só vejo a hoteleira quando ela vem pegar o meu trabalho pronto. Hoje, ela sugeriu que viera "da colônia". Ela não precisava me dizer, o vento alísio ainda passa no seu sotaque, posso bem imaginá-la saindo de Pointe-à-Pitre ou de Fort-de-France.

23 de maio de 1963

Hoje uma correria frenética quebrou a monotonia, mulheres cruzavam o corredor como doidas: pelo que eu entendi, elas estavam fugindo da presença de um inspetor de polícia que fazia a ronda nas proximidades. Uma delas dizia:

"Ele é pérfido! Trocou de chapéu e, você viu, estacionou o carro na contramão! Felizmente Juliette teve tempo de observar isso! Perdi um bom cliente!"

Uma outra, que não aguentava mais aquilo, acrescentou:

"Isso sempre assusta, e ficarei doente ainda por mais dois dias!"

A patroa gritou:

"Calem a boca! Sentem-se na sala de costura e encontrem algo para costurar!"

Olhava as mulheres de penteado couve-flor, afagando seus cabelos volumosos, lixando as unhas bem-feitas e lançando um olhar de reprovação para o monte de remendos amontoados na sala. A hoteleira deu as costas, resmungando:

"Com gente frouxa assim nunca vou sair daqui! Elas 'somem' toda vez que um rato passa pela calçada! Vou ter que trazer outras 'funcionárias'."

A mais indomável daquele estranho bando disse:

"Funcionárias! Somos nós que pagamos você, certo? Você recebe quinhentos francos e prefere ficar sem comer, sem passar na feira, com medo de que façamos programas por debaixo dos panos!"

A patroa, sem problemas de audição, voltou e gritou:

"Você, cale a boca, ok? Você não para de reclamar! Já estou cheia dessa história!"

A mulher virou um túmulo. Um silêncio pesado caiu sobre a sala empoeirada. Uma das meninas abriu a cortina com cuidado e anunciou que o perigo havia passado:

"A Adèle está morrendo de rir do outro lado da rua!"

Do outro lado da rua, havia outros hotéis e mais garotas: se elas desceram para a rua, as outras que involuntariamente me faziam companhia estavam livres para sair. Foi uma afluência alegre pelo corredor, sob o olhar impiedoso da hoteleira. Pois é, antes de se deparar com tal situação, Carolina, é difícil se dar conta dessa escravidão voluntária.

26 de maio de 1963

Meu marido veio me encontrar hoje à noite, eu o vi entrar ao mesmo tempo que ele era anunciado pela hoteleira:

"Então, você se esqueceu de me dizer que está cheio de rameiras por aqui!"

"Rameiras? Só vejo lençóis e trabalho como uma condenada, não cuido de nada que não me diz respeito."

Não tinha lhe contado sobre o ambiente do meu trabalho: isso teria sido uma pá de cal na minha experiência documental. E só podemos falar com propriedade sobre o que presenciamos.

A hoteleira me deixou ir embora, subi na parte de trás do banco da mobilete, agarrando-me ao meu marido, que estava furioso. O vento refrescava o meu rosto e minhas ideias, embora não tivesse percebido que meu motorista não havia pegado o caminho mais tranquilo, como normalmente fazia para evitar a polícia. De fato, estava longe de ter catorze anos, limite de idade para andar na garupa de uma mobilete.

Ele acelerava por entre os carros, intrometia-se com incrível destreza no meio das filas de automóveis, acelerava pelas avenidas como um louco, o que queria dizer que ele estava realmente zangado. Nessas horas, é melhor deixá-lo aliviar sua irritação sem falar nada; aliás, ele tinha um pouco de razão.

Depois, sem que ninguém visse, nos encontramos na Rue Saint Pierre em direção à Saint Marcel. Duas motos passaram muito depressa, a mais de oitenta por hora, e eu gritei:

"A polícia! Eles não nos viram, que bom!"

Andávamos na direção oposta à das motos já havia pelo menos dez minutos quando o ruído dos seus veículos me fez virar a cabeça. Eles vieram até nós! Não valia a pena tentar enganá-los, fingir encher um pneu, o que fosse. Eles já tinham nos visto.

Meu marido parou e os policiais vieram até nós. Olhei para eles, bastante bronzeados, botas no pé, cinta no peito, capacete na cabeça, pareciam gigantes no crepúsculo que avançava, completamente violeta. Um deles fez o pedido de praxe:

"Documentos!"

O outro acrescentou:

"A senhora não sabe que não deve sentar no bagageiro?"

Respondi:

"Não, senhor!"

O policial parecia um boneco de brinquedo, e pensei:

"No Natal, vou comprar motoqueiros no Magasin Général para as crianças, um motoqueiro não é nada mau!"

Enquanto isso, meu marido estava fazendo o possível para escapar de uma multa.

"Não moro longe! Isso nunca acontece comigo! Sou muito cuidadoso."

O policial que tinha examinado os documentos estava dando uma bronca nele:

"O senhor diz que tem filhos! Mas andando desse jeito corre o risco de nunca mais voltar para casa!"

"Senhora, vá para o ponto esperar o ônibus e não su-ba-de-no-vo na mobilete!"

Era pegar ou largar: de qualquer modo, não havia como retrucar. Fui até a parada vazia e, sob o olhar daqueles anjos inusitados, vi meu marido desaparecer na curva que levava até Valentine. Já fazia mais de vinte minutos que eu estava à espera do coletivo, e os policiais haviam desaparecido em direção ao sul — a essa hora, eles já deviam estar na autoestrada —, quando um zumbido acompanhando dois pontos negros indo para o norte anunciou que aqueles homens tão prudentes tinham feito um enorme desvio e vieram conferir se por acaso eu não havia desobedecido às suas ordens. Instintivamente, levantei o braço para cumprimentá-los. Um daqueles extraordinários brinquedos desacelerou e, com um aceno de mão, me devolveu o cumprimento.

Cheguei tarde em casa, meu marido misturava a polícia, o meu desejo de trabalhar em qualquer lugar e as garotas de programa que me contaminariam.

"As coisas vão mudar! Você ficará em casa: não são três vinténs que vão mudar as coisas por aqui!"

Mas, Carolina, é tão bom não ficar dizendo: "Quando meu marido trouxer o pagamento, comprarei um par de meias novo!".

Tenho que convencê-lo de que fico intocável no meu quarto empoeirado e que recentemente até se instalou uma cortina na janela da porta para me deixar ainda mais apartada. E o mais importante: é apenas temporário. Para mim, tudo deve ser temporário, com exceção da criançada e dos cadernos avidamente preenchidos em qualquer lugar.

28 de maio de 1963

Ufa! Consegui sair e quase terminei meu trabalho: hoje, a hoteleira, diante do meu silêncio constante, estava menos feroz, veio me perguntar se eu gostava da casa, ofereceu um café, finalmente falou comigo em patoá e até me confidenciou:

"É maçante administrar uma casa dessas, é preciso ficar de olho em tudo! Não posso contratar um vigia noturno, não boto fé. Estou sozinha! Meu marido me abandonou por uma branca! Desde então, estou me virando, e dei um jeito de mostrar para ele o que as brancas são capazes de fazer aqui! Elas dormem até com os mendigos, desde que tenham dinheiro! Acho nojento, mas estou me vingando!"

Carolina, ouvir aquilo era abjeto! Lembrava daquela mulher baixinha assustada fugindo diante da ameaça de uma operação da polícia de costumes! E a gorda que espreme todas as espinhas o tempo todo, que vai embora cheia de dinheiro à noite e que ouço de manhã lamentar estar sem um centavo no bolso, a ponto de seus amigos lhe oferecerem um almoço. Conhecendo a fé instintiva dos negros, acabei por lhe dizer em crioulo: "Não tem medo de que Deus a castigue?"

"Deus! Faz tempo que ele me largou de mão! Fui levada para Paris em 1939, com dezessete anos! Os patrões fugiram enquanto eu dormia no sexto andar, e, quando acordei, havia alemães os procurando! Não me mataram! Mas me estupraram e me espancaram. Então, Deus..."

Eu queria gritar. Olhava para aquela mulher monstruosa e via lágrimas escorrendo no seu rosto inchado pelas noites sem dormir, era de dar pena. Evitei falar sobre aquilo ao voltar para casa naquela noite, meu marido disse:

"Quantos dias mais você vai lá? Olha o que trouxe para você, papel para máquina, um calhamaço de mil folhas, e tirei a sua máquina da casa de penhores! Escreva se você estiver entediada, copie o Chapeuzinho Vermelho se ficar sem ideias, mas não vá mais para aquela rua. Imagina se as pessoas que conhecemos vissem você lá!"

As pessoas! Tudo bem se inquietar com elas, Carolina, mas há coisas que é preciso encarar, em menos de um mês aprendi mais coisas através dessa experiência do que teria aprendido na maioria dos livros!

2 de junho de 63

Ah! Agora sim, terminei o serviço e ainda estou enojada. No entanto, a hoteleira foi gentil, me deu um extra e o endereço de duas de suas amigas proprietárias de hotéis, que estariam dispostas a me dar trabalho como costureira. Mas, apesar disso, não consegui encará-la ao sair, estava com vergonha do que tinha visto à tarde.

Nunca ficara surpreendida com a presença daquele jovem no hotel, pois infelizmente havia famílias morando nos andares de cima. Eu estava persuadida de que seus pais moravam lá, o que explicaria suas idas e vindas no corredor. Até que uma garota enfurecida entrou na lavanderia enquanto eu transformava toalhas de banho usadas em luvas de banho.

Ela gritou:

"Me alcance uma toalha furada para eu repassar ao fedelho! A patroa não está, vamos ter que fazer isso em outro lugar! Somos honestas! Agora nem podemos trabalhar mais em paz, sempre tem uns jovens para competir com a gente. Se meu filho fizer isso, vou estrangular ele com minhas próprias mãos! Eu me encarrego dos homens, por que ele não se ocupa das mulheres?"

A cortina estava aberta, vi um senhor esperando. A menina passou uma toalha furada ao jovem, que seguiu o senhor. Pensava que esse tipo de coisa acontecia nos filmes para maiores de dezoito anos, mas eis que, em pleno mês de maio, embora a alguns passos da Canebière, onde centenas de mulheres andavam para lá e para cá (uma mais linda que a outra, deixando margem para escolha mesmo para os mais exigentes!), um jovem, uma criança que poderia ser de uma mãe qualquer, entrava furtivamente em um hotel mal frequentado pelo motivo mais ignóbil possível! Minha empatia por essa mulher atroz evaporou, e o fato de ela ser da minha raça fez minhas orelhas ferverem! Puxa vida, ela deveria ter deixado esse tipo de trabalho para os outros!...

Agradeci a hoteleira pelas boas intenções comigo e disse tchau, entrei como uma maluca na igreja Les Réformés, acendi velas para todos os santos com o dinheiro extra que ela havia me dado e que estava queimando nas minhas mãos. Corri para a minha casa, colei em cima da cama dos meninos imagens que recortara das revistas de esporte, Anquetil e Rummel, Sainte Rose e Kopa. Eles ficaram felizes, mas ainda estou assombrada com a lembrança do menino do hotel.

II

5 de junho de 63

Faz nove anos que meu marido não é mais soldado! Nove anos se passaram e ainda está à espera de um posto, na nossa região, reservado para militares como ele! As pessoas cuidaram dele, ofereceram um posto de agente florestal no Allier, carteiro no Baixo Reno, cantoneiro na Bretanha, vigia em Le Havre! No final das contas, a verdade é que gostamos de Marselha e do sol daqui; no verão, é divertido ver os brancos escurecerem sobre as grelhas chamadas praias, e isso a dez bilhetes de bonde da nossa casa! Então, por que ir para o Baixo Reno? Os antilhanos ainda não se animam com o esqui, exceto no cinema. Sempre conseguimos encontrar um pinheiro vazio para fazer um piquenique com as crianças, e há *calanques* cercadas por um mar tão azul que até o meu chauvinismo se detém na hora de dizer: "Nas Antilhas o mar é tão celeste". Por todas essas razões, não conseguimos partir para outro lugar. Meu marido, que acaba de receber outra proposta de emprego reservado para militares, saiu para encontrar o seu "pistolão".

Ne verdade, como todo provençal digno do nome, ele pensa que "ir a Paris" daria um jeito nas coisas. Dessa vez, foi lhe oferecido um posto de guarda num museu nacional da capital, em um futuro próximo. Ele vai perguntar se não tem vaga em um museu em Marselha, para evitar a mudança e, sobretudo, a falta de sol. A ida a um ministério representa quatro dias longe de casa. Quando estamos de viagem, é bem legal poder dizer: "Vou ao ministério de alguma coisa". Em geral, nunca funciona, mas ficamos satisfeitos de ir até lá e tentar. Não lhe contei nada sobre o assunto, mas também aproveitei sua "viagem" a Paris e pedi que ele fosse pessoalmente à sede da revista *Paris Match* ter notícias do jornalista a quem eu escrevera. Recortei cuidadosamente o endereço de uma das edições da revista e lhe entreguei uma carta para o redator-chefe. Talvez o jornalista, o pobrezinho, esteja morto, ou não tenha secretária! Nessas condições, é difícil responder. Mas o redator-chefe, se bem entendo como as coisas funcionam, deve ter uma multidão de datilógrafas a quem dá ordens para responder as cartas. É claro que falo das poucas páginas que enviei ao jornalista. Essas poucas páginas eram preciosas para mim, Carolina, eu as tinha extraído do meu livro. Poxa, amputei o texto, agora sou obrigada a datilografar tudo de novo. Meu marido me disse que *Paris Match* não era a casa da sogra, mas, já que "ia para lá", aceitava entregar a minha carta.

6 de junho de 63

Hoje é dia de ir à feira. Quando o tempo está bom, meu marido me dá uma carona, mas mesmo se ele estivesse agora em Marselha, não me levaria, ele está com muito medo de encontrar os policiais. Pena, andar com ele na mobilete era um momento de descontração, o mistral fustigava o meu rosto e regenerava minha pele. Tenho uma mobilete mais leve que a dele, mas não funciona mais, um idiota roubou uma roda em um estacionamento no centro. Agora tenho que atravessar de ônibus os dez quilômetros que me separam da cidade, algo banal, é claro, mas quando o tempo está bom, fica difícil esperar na parada do ônibus, eu que estou acostumada com o oposto! O hábito, pelo que vejo, é uma coisa que escraviza quem a ele "se habitua".

Conheci uma mulher de Guadalupe que tem sete filhos e que veio à França para ter os mesmos benefícios sociais que os franceses da França. Ela conseguiu. Seu marido vai ao cais de tempos em tempos e ela mora num casebre, à espera de algo melhor. Ela está feliz com os benefícios, apesar disso, pois acredita ser uma cidadã plena. Desse modo, ela me diz, quando os meninos forem à próxima guerra, não vai ter a impressão de que só servem como bucha de canhão. Ela me disse ainda para ir ao mercado hoje de noite após as cinco horas, que se vendia carne a um preço incrível em um açougue de vanguarda da Rue Longue des Capucins. Valia a pena, ela me garantiu. Todas as donas de casa bem informadas iam para lá nessa hora.

À tarde, saí de casa com um dos meninos e encontrei a minha compatriota, que também trazia consigo duas crianças. Na hora combinada, ela me levou até a frente do estabelecimento onde iria acontecer a venda. Uma outra mulher disse:

"Seria bom o Ernest não começar a vender as 'sobras' tarde como na semana passada." Olhei ao redor, lá estavam todos os miseráveis de Marselha, e um monte de curiosos para vê-los. Tentei me misturar aos curiosos, mas minha compatriota me chamou e me disse para ficar onde estava; caso contrário, eu não faria uma boa compra.

Ernest vende a carne como em um leilão: todos os restos do enorme açougue onde trabalha são transportados para o fundo do estabelecimento, que dá para a rua de trás. Com tranquilidade, Ernest organizou o balcão: regularmente, um auxiliar de açougueiro lhe traz uma bandeja sobre a qual encontramos peças variadas e não identificáveis. Em um piscar de olhos, a multidão crescera consideravelmente, e eu tinha que empurrar meu filho a todo momento para que ele não fosse pisoteado. Ernest não tem nem pesos nem balança. Com os restos que recebe, monta uma porção e vende por cinco francos. Primeiro vieram costelas de carneiro intragáveis misturadas com alguns pedaços de uma linguiça merguez* nojenta. Cada um pegou o seu quinhão, minha compatriota ressaltou que, enquanto ele não tivesse acabado de vender o que eu acreditava vir do carneiro, não passaria para as outras bandejas. Nesse momento, Ernest gritou:

"Passemos para o cozido! Quem levar a carne para o cozido ganhará umas sobras!"

As sobras, pelo que entendi, são um pedacinho de bife que Ernest colocou generosamente sobre as porções. Quando fez o anúncio, houve mais mãos levantadas do que porções para vender. Ernest conhece seus clientes, oferece vitela para fazer uma blanquette ou uma carne não muito estragada para um assado, pelos mesmos cinco francos. A visão dessas inúmeras possibilidades de escolha ouriça o público, que grita:

"Então, Ernest, se esqueceu de mim? Agora é minha vez!"

Ernest não sabe mais para onde virar a cabeça, uma cabeça coberta com uma boina xadrez. Os homens são os mais inflexíveis, esquecendo a cortesia que deveria lhes permitir ceder a vez às mulheres. Ali o negócio é encher a barriga, Carolina, e conseguir algo comestível é uma vitória para aqueles que esperaram mais de uma hora.

Ernest parou de cortar e embrulhar e, de repente, ganiu:

"Senhoras! Cuidado, por aqui não tem nenhum batedor de carteira, mas o calhorda do último sábado que fez minhas clientes fugirem voltou. É o palerma que está aí no fundo! Ele vai apalpar as senhoras! Ele veio só para isso, todo mundo foi avisado!"

Olhei para o palerma avermelhado que desaparecia sem cerimônia, pois todas as mulheres ameaçavam agredi-lo, com seus saltos agulha, com suas cestadas certeiras. Minha compatriota disse:

---

* Linguiça originária do Magrebe, tradicionalmente feita com carne de carneiro e especiarias, muito popular na França.

"Entende agora por que é melhor chegar cedo? Os calhordas sempre ficam esperando que se forme uma multidão para se esgueirar entre as compradoras!"

Nesse momento, Ernest pegou do balcão duas grandes bandejas de coisas não comestíveis; ele montou porções e berrou de novo:

"Vejam! O valor não aumentou, a porção continua custando cinco francos, o preço de um maço de cigarros! Sei que ninguém quer pedaços escuros! Pois então, acrescento mais umas sobras!" Algumas mãos se estenderam, com lassidão! Ernest achou que a resposta dos clientes não correspondia à oferta, cruzou os braços e ameaçou sair com as bandejas de entrecôte que tinham acabado de chegar, caso não conseguisse se livrar da carne que tinha preparado.

Não funcionou, e Ernest misturou tudo: entrecôte, umas outras coisas e a linguiça que sobrara, até enfeitou as porções com fatias de lombo de porco. Feliz da vida, ajeitou a boina e colocou as mãos no avental demasiadamente comprido:

"Depois disso, quero ver alguém dizer que eu não mimo a minha clientela!"

Minha compatriota disse:

"Duas ou três porções: é agora ou nunca! Podem deixar de lado as merguez e o que não quiserem levar!"

Comprei três porções e fiquei na frente da mulher de Guadalupe, selecionei os pedaços e fiquei com apenas um quilo de entrecôte! O resto era muito gordo para um cozido ou com muito osso para um ensopado. Coloquei-o no amontoado de lixo ali perto, no canto da rua, porque aqueles que não têm grana para comprar começavam a aparecer no mercado e vasculhavam o que os outros jogavam fora. Meu embrulho foi rapidamente recolhido, o que me deu a impressão de não ter jogado dinheiro fora! Pelo menos!...

***

11 de junho

Meu marido voltou de Paris, ele estava no ministério de não sei o quê, voltou sem nenhuma nomeação, mas está feliz, "foi até lá", viu uma espécie de chefe de gabinete e um ordenança que sabe tudo. Por sorte, Carolina, existe esse tipo de pessoa. Eles encorajam os que sonham em expor seus problemas a um ministro absolutamente inacessível para um pobre-diabo deste mundo. Eu escutava o que meu marido dizia sem convicção, ele percebeu e me disse com um tom irônico:

"Fui ver o tal jornalista! Tive que abrir a carta para lembrar o nome dele! Uma coisa é verdade, sabe? Ele não cobre faits divers, tem uma sala com um assistente na frente, estive duas vezes no mesmo dia para tentar encontrá-lo, não teve jeito, ele não tem hora para entrar e sair. Acima de tudo, você não deve esperar por uma resposta... Quando ele vir a carta aberta! Você imagina o que ele vai pensar? Ainda assim, o assistente a pegou, me dizendo para retornar!"

"Mas o assistente garantiu que minha carta vai ser lida, não é?"

"No seu lugar... Não muda nada se ele ler ou não! Tive que pegar o trem e não tive tempo de voltar lá! E é claro que eu não perderia um dia de trabalho por uma bobagem dessas."

Então o assunto está encerrado. De qualquer forma, fico feliz por não ter sido informada sobre o falecimento do jornalista, tratarei de me preocupar com coisas mais importantes.

12 de junho

Pois bem, a Cécile retornou da sua lua de mel; com o verão e sua alegria novinha em folha, ela está radiante. Durante o inverno, agora serão dois à espera de dias ensolarados. Cécile me aconselhou a ir eu mesma a Paris! Lá, há um monte de editores, ela também repetiu que não era brincadeira quando

o representante literário me escrevera "MAMÉGA, escritora".
Mostrei então o orçamento que ele me passou para a correção
do manuscrito, o qual também não era brincadeira. Ponho assim a palavra "Fim" nos meus rabiscos e me contentarei em
conjecturar o que seria um livro de verdade.

15 de junho de 1963

Vou substituir a Renée no trabalho, ela vai tirar o apêndice. Faz
três meses que sente dores na barriga, mas tem tanto medo
da patroa que ainda estaria trabalhando se eu não lhe dissesse que ela corria risco de ter algo grave. Perguntei, Carolina, se seus empregadores estavam cientes do seu problema.
Ela respondeu que a patroa constantemente lhe repetia que
não pagara a viagem das Antilhas a Marselha para vê-la doente.
E acrescentava:

"A patroa disse que eu seria operada só depois de pagar os
noventa mil francos que ela havia me emprestado para eu vir."

Essa conversa aconteceu durante uma reunião de negros
soberbos que definitivamente não queriam ouvir nada sobre
os problemas das "empregadas" antilhanas. No entanto, Carolina, desde que a empregada não é mais uma Bécassine vinda
da Bretanha, a Doudou das Antilhas assumiu o comando, nós
a encontramos nos lugares mais inesperados da França. Assim,
eu mesma tenho uma prima solteirona e tola que foi enviada
para a fronteira dos Pireneus e se deu mal. Quando ela vai para
a cidadezinha mais perto, todas as crianças a seguem, verda-
deiras pestes, ela me escreve contando! De qualquer modo,
não se deve conversar sobre essas coisas quando estamos entre antilhanos, e Renée, diante daquelas mulheres soberbas,
finge ser uma secretária executiva. A mim, ninguém vem com
essa. Olhei para suas mãos calejadas e disse:

"Então, está tudo certo na casa da patroa?"

Ela parecia envergonhada e finalmente se abriu comigo quando deixei claro que eu não ficava sempre posando em torno de um ponche, ao lado dos grandes figurões da cidade.

Pouco a pouco, percebi que ela estava à beira do precipício e que não estava determinada a se salvar, com medo dos brancos que a empregavam.

Tendo em vista que sua vida talvez dependesse disso, ofereci-me para substituí-la por quinze dias: caso contrário, ela continuaria com o apêndice infectado por mais oito meses, o tempo para se liberar da sua dívida.

16 de junho de 1963

Com um grande decote, fui ver os patrões da Renée, porque, quando está frio, me cubro além da conta e, quando está quente, não suporto nada no pescoço e nos braços.

A patroa é gorducha e excessivamente preocupada com a aparência. Pela primeira vez desde que iniciei minha carreira de faxineira, tenho um nome, dado pela patroa. Ela não quer mudar seus hábitos, sou eu quem mudará o nome, me chamarei Renée enquanto espero a verdadeira Renée voltar. É evidente. E assim será, me chamem de Renée, e eu responderei quando achar que estão falando comigo.

17 de junho

Um ano nessa profissão, Carolina, e estou cada vez mais segura de que as pessoas que afirmam que o tipo de trabalho não afeta o físico falam sem experiência própria. Tinha voltado a ser uma mulher digna ficando em casa, mas agora já me encontrava de novo pingando de suor, tirando "poeira de trás dos móveis". Transformei-me em uma máquina a ser explorada, mas talvez não manipulada, pois a patroa quase engasgou quando não respondi a seu chamado, simplesmente porque meu nome não é Renée. Ela me disse: "Renée é mais gentil! Espero que ela fique boa logo!". Acabei por irritá-la de vez ao anunciar que estava ajudando a antes mencionada Renée a partir para uma casa de repouso.* Por causa disso, sou punida, tendo que esfregar um pano nos lugares mais improváveis da casa. São os meus primeiros dias de trabalho, ainda estou me divertindo loucamente, depois também ficarei irritada, será preciso encontrar outra Renée.

No final das quatro horas de serviço, eu estava em um estado tão deplorável que parecia uma das coisas antigas empilhadas no sótão onde passei minha última hora de trabalho. No corredor, antes de voltar para a rua, dei um jeito no meu cabelo e na minha saia com as mãos e fui embora visitar a Renée. A verdadeira.

A patroa, que não pega ônibus, chegou à clínica antes de mim. Renée, ao me ver, parecia aterrorizada. A patroa então se levantou e lhe disse:

"Até breve! Como combinado, não é, Renée?"

Renée murmurou uma palavra vaga.

Ela esperou cinco minutos antes de falar comigo, com medo de que a patroa voltasse e ouvisse nossa conversa. Finalmente, ela desabafou:

"Não poderei ir para lugar nenhum repousar, foi a patroa que disse! A senhora não fica na casa o suficiente! Quatro horas são muito pouco para ela! Olha eu, que me levantava às sete da manhã e ia dormir quase à meia-noite."

"Não me surpreende que não sejam apenas os seus intestinos que estão com problemas! O médico diz que a senhora

---

* Na França dos anos 1950 e 1960, as casas de repouso eram destinadas, além dos idosos, a pessoas mais jovens que buscavam a cura de algum mal longe dos miasmas e micróbios das grandes cidades.

tem uma anemia grave e que precisa de glóbulos vermelhos. Antes de chegar o inverno, com essas suas quinze ou dezessete horas de trabalho por dia, vai cair dura de cansaço."

Dizia aquilo com irritação, pois eu já sentia que ela se recusaria a sair de férias. Um fio invisível a segurava.

Ela repetia:

"Ainda não fiz o reembolso! Ainda não fiz o reembolso!"

Naquela noite, ela estava muito cansada, e saí sem resolver o problema.

19 de junho de 1963

Cumprimentei os membros da família com uma retumbante saudação:

"Bom dia, senhoras e senhores!"

As meninas continuaram arrumando seu penteado no vestíbulo, de costas para mim, e a patroa começou:

"Renée! Teremos que agir rapidamente! Há roupa para passar e vidros para limpar!"

Uma escada já estava contra a parede. Nessa antiga casa do bairro do Prado, as janelas eram mais altas que portas de igreja. Seis andares abaixo, coisas e pessoas pareciam miniaturas. Comecei a pensar que necessitava ter sangue-frio para não despencar quando estivesse no topo da escada. Impassível, a patroa continuou:

"Sua amiga não pode mais levantar os braços para limpar as janelas: faz dois meses que ninguém toca nelas! A senhora, pelo menos, não tem dor de estômago!"

Eu não tinha dor de estômago, mas um aperto no coração.

Portanto, ela estava ciente de como era grave o estado da menina martinicana encalhada ali, na sua casa! E mesmo assim se mantinha contra qualquer princípio de humanidade, simplesmente por uma questão de grana!

Carolina, isso causa mais cólica do que apendicite, quando se para para pensar.

Passei uma montanha de roupas sem ver nada. Limpei as janelas sem um risinho sequer, estava muito concentrada no serviço para ficar pensando no que acontecia lá embaixo, desconsiderei a vertigem e coloquei um pé na borda de uma janela e outro na escada para limpar por fora. Imaginei que estava de pé em um porão. O patrão apareceu, a pasta debaixo do braço. Sua voz me tirou do meu devaneio. Ele gritou:

"Desça daí! Mas desça já!"

Ele correu para a sala, enxugando a testa. Eu conseguia ouvi-lo jorrar sua raiva com uma voz frenética:

"Você ficou louca! Já lhe disse para ligar para uma empresa especializada quando for preciso limpar os vidros! Da rua, observei pessoas olhando para cá, levantei a cabeça e vi uma mulher esfregando essas benditas janelas! Se ela quer se suicidar, que ela vá fazer isso em outro lugar!"

Desci, não dava a mínima para o bate-boca deles. Eu ainda podia ver a garota sem conseguir levantar os braços por causa da dor aguda na barriga.

A patroa me trouxe de volta à realidade:

"Está bem então: limpe a gaiola dos pássaros e depois vá embora!"

Quando se tem o poder de dizer "Faça!", "Vá embora!", "Suba!", "Desça!", que no mínimo seja dito de modo gentil.

25 de junho

Estou cansada demais para lhe escrever, minha amiga Carolina, e desanimada demais também. Renée decidiu não sair de férias, pois quer pagar por sua alforria o mais rápido possível.

A vida continua, e lamento não ser africana, pois uma africana não vira faxineira. As mulheres desse continente não são trazidas para cá, a sua paixão inconsciente pela liberdade é forte demais para isso.

30 de junho de 1963

Renée voltou para a casa dos seus proprietários. O patrão estava de bom humor quando retornou da clínica. Renée tinha emagrecido bastante. Ele conhece as ilhas Canárias, disse que em lugares como aquele se morre jovem, uma vez que não há estações. Depois perguntou a idade média dos antilhanos, e notei que era bem informado sobre o Terceiro Mundo. Assim, se Renée bater as botas, é porque a sua idade de habitante do Terceiro Mundo chegou ao limite, e ele nada poderia fazer. Trata-se de um ponto de vista que Renée facilmente assimilaria, tendo-se em conta a capacidade de se resignar que carrega consigo.

30 de junho de 1963

A velhinha com quem me correspondo me enviou uma longa carta, ela poderia estar contente na ensolarada casa de repouso, mas sente saudade da sua casa cheia de lembranças. Minha pobre Carolina, eu estava em tal estado de espírito quando recebi a carta da minha velha amiga da Provence que tive que recomeçar duas vezes a leitura, para me convencer de que ainda há gente aqui embaixo que pode amar alguém ou alguma coisa que não seja a si próprio.

12

3 de julho de 1963

Solange terminou sua mudança, comprou um pequeno apartamento e decidiu trabalhar como fiscal no metrô, furando bilhetes. Rindo, acrescentou que "subiu de patente". Gostaria de saber se Solange se acostumará a viver embaixo da terra. Ela me convidou para brindar a sua despedida em um baile negro presidido por funcionários públicos vindos de Paris.

Antes de sair, tive que pôr meus filhos na cama e esperar a chegada da estudante que ia tomar conta deles. Ela chegou cansada e se jogou no sofá da minha filha. Fiquei com muita pena pois ela contou que, após ter de colocar para dormir bebês que não querem dormir de jeito nenhum, frequentemente precisava deitar para, no dia seguinte, pegar muito cedo o ônibus até a faculdade de Aix. Então eu lhe disse:

"Feche os olhos hoje à noite e tente dormir como uma pedra! As crianças não são mais bebês." Ela não perdeu tempo e já dormia profundamente quando nós três saímos.

Como de hábito, Solange está alegre, está confiante sobre o futuro, afirma ter aprendido a conviver com suas patroas:

"Quando somos empregadas faz-tudo, estamos vacinadas contra o que a vida pode apresentar, porque facilmente nos despojamos de qualquer pretensão à dignidade humana, somos uma coisa, como uma vassoura ou uma geladeira! Se um dia eu for rica, fico enojada só de pensar em contratar uma faxineira, tenho medo de me tornar uma daquelas mulheres que ainda se dizem cristãs! Que comédia!"

Cem casais multicores escutavam um europeu falando sobre as Antilhas. Fomos acomodados perto de um grupo de jovens decididos a se divertir a qualquer preço, que, ansiosamente, aguardava o final de um discurso cheio de lugares-comuns. Os jovens conseguiram distrair parte da plateia desenhando seus perfis em pedaços de papel. O resultado era cômico, e as pessoas riam. Os funcionários, no meio daquela situação inusitada, ativaram a função de virar a cabeça para o outro lado.

A comida foi servida: houve uma corrida até o bufê. Perguntei ao tio Fulano como ele comia tanta charcutaria; é incrível como as pessoas sentem fome quando surge uma refeição grátis, seja lá onde for! Parece que ninguém tem comida em casa! Encontrei ali uma amiga dos meus patrões que adorava ostras. Visivelmente espantada, ela me olhou e disse:

"De onde eu conheço a senhora?"

Eu respondi:

"De um trem, de uniforme azul!"

É incrível como o hábito faz o monge nesse tipo de lugar.

Todas as meninas empregadas da Rue Paradis ou da Saint Giniez estavam lá: tinham ouvido no rádio o anúncio da noite antilhana. Uma estava mais elegante que a outra. Tiveram que fazer longas horas de faxina para comprar vestidos tão bonitos, e ainda levaram bronca das patroas para terminar a louça antes de se embelezarem. Mais de uma, enquanto pintava as unhas, deve ter ouvido "sua madame" dizer:

"Limpe meus sapatos para amanhã!"

Apesar disso, elas chegavam leves e sorridentes, mas com um pé atrás. Viravam-se sozinhas para encontrar um lugar onde sentar, pois eram solenemente ignoradas pelos soberbos. Para eles, as garotas eram pragas, e se gabavam de serem íntimos das personalidades mais na moda de Marselha. Pensavam mesmo que deveriam ostentar uma certa rigidez, por medo de ouvir uma garota dizer aos quatro ventos:

"Ele é meu primo!"

As jovens faxineiras eram cada vez mais numerosas e, amiga Carolina, fiquei feliz em vê-las enfim longe da opressão do dia a dia. Talvez agora elas estivessem voltando a ser como as outras pessoas... Era cedo demais para pensar nisso: um dos soberbos se aproximou de um grupo de lindas meninas que pagavam a entrada e disse:

"Quem as convidou? Aqui não é baile para vocês! Há gente importante."

Uma delas retrucou:

"É um baile antilhano, sim ou não? Quando vou ao baile corso, sou mais bem recebida!"

Interpelei um garçom que estava passando na hora:

"Encontre um lugar para aquelas meninas, elas pagaram por isso, não deixe nenhuma ficar de pé! Os funcionários não pagam nada e estão sentados com as suas respectivas esposas e até com os amigos dos seus amigos!"

O rapaz todo despenteado foi procurar cadeiras, não sem ressaltar:

"Não estou deixando ninguém de pé. Recebo ordens do negro que organiza tudo, eu só executo! Mas por que ele não quer nem saber dessas garotas?"

Enquanto falava, uma menina com olhos doces, vestida de azul, acompanhada por um rapaz tímido, veio à minha mesa. Ela lamentava:

"O martinicano de casaco branco, que é o dono do seu clube, me insultou, ele repetiu para mim 'Seu lugar é aqui mesmo?', mas onde é meu lugar? Na casa da patroa que não é! Sou e permanecerei sendo a estrangeira, por causa da minha pele, e aqui, no meio dos negros, dizem que não é o meu lugar, só porque sou faxineira! Se eu for para a Rue Thubaneau,* talvez seja mais bem tratada!"

Havia muita amargura naquelas declarações, aproximamos as cadeiras umas das outras, e Solange gritou:

"Garçom, champanhe para todo mundo! Espere só esse sujeitinho vir aqui implicar com você! Até os funcionários vão saber que ele é um racista imundo! E pensar que isso vai ser a classe dirigente de amanhã!"

O rapaz que acompanhava a menina de azul a pegou pelos braços:

"Venha! Vamos mudar de bairro, ir para Catalans! Lá não tem esse tipo de história, felizmente nos bailes europeus ainda podemos dançar! Vamos pedir reembolso!"

E ele arrastou consigo a companheira.

A menina que sempre ouve "vai", zanzando para lá e para cá como palha ao vento, veio apertar minha mão e desapareceu no meio da noite, carregando consigo a sua desilusão e a minha. Mas por que há negros que fecham os olhos para o que é a nossa negritude? Não é escondendo uma ferida que a curamos, pelo contrário.

Sabendo disso, uns vigaristas chegaram, decididos a criar confusão:

"Então é assim, tem um evento antilhano, e não se quer os antilhanos que ralam até cansar, sendo que em Marselha somos maioria, é só olhar o cais ou a Rue Paradis! Não tem chefe de gabinete por lá! Então, o que significa 'empregadas não', já que as meninas não podem fazer nada além disso? Se elas estivessem na Rue Thubaneau, até entenderíamos os soberbos fingindo estarem envergonhados! Mas aquelas infelizes trabalham honestamente, e hoje são vergonhosamente acolhidas por pessoas que as rejeitam!"

---

* Rua conhecida por ser área de prostituição em Marselha.

O jovem que estava na bilheteria tinha medo de que os funcionários ouvissem mesmo que um pouco daquela conversa, então os deixou entrar; eles caminhavam feito valentões; um garçom se curvou na frente deles e um dos soberbos deu um sorriso complacente. Carolina, essa é a lógica do mais forte, e comecei a pensar na menina com unhas roídas pelos produtos de limpeza, que só tinha como defesa as próprias lágrimas. Solange, em sua linguagem imagética, me disse que em Paris existe um escritório chamado "Zubidom"* que lida com os trabalhadores oriundos dos departamentos ultramarinos.

"Seria bom se assistentes sociais fizessem parte desse serviço, elas poderiam discretamente investigar a vida das jovens que são enviadas para qualquer buraco! Tem gente que é menor de idade! Mas a proteção das menores não é para as antilhanas: nós somos menores desde sempre!". Ela ria, mas sua risada tinha algo de trágico.

4 de julho de 1963

Este é o meu último bico antes das férias de verão: a padeira das redondezas me pediu para achar uma costureira para uma mulher que mora no bairro vizinho. Quando disse que eu poderia fazer o serviço, ela pareceu cética. É que faço e aconteço por aqui, e a padeira supõe que sou uma mãe sem problemas de dinheiro; quando estou no vermelho, vou ao Crédito Municipal, jamais ela soube dos dias em que conto os trocados para comprar o pão de cada dia. Depois que pago pelo pão, esqueço

---

* A personagem confunde "Zubidom" com Bumidom, acrônimo do Bureau pour le Développement des Migrations dans les Départements d'Outre-Mer, órgão francês responsável pela emigração dos habitantes dos departamentos ultramarinos para a França metropolitana. Com esperança de trabalhar na Europa, muitos antilhanos passavam por formações dos Centres de Apprentissage ligados ao Bumidom.

que contei os trocados ou que me desfiz de uma joia qualquer que ficará descansando na penhora até que a pegue de volta.

6 de julho

A mulher da Córsega tem cinco meninos, tão agitados quanto os meus, um pouco mais malcriados, mas nossa relação está quase em perfeita harmonia. De manhã diziam "a negra", de noite já me chamavam de "Maméga". Eu simplesmente lhes disse: "Eu não chamo vocês de 'foguinho', mesmo que vocês sejam ruivos! Sou uma negra, mas tenho um nome, ora ora!". A mãe, surpresa, me ouviu e disse: "A senhora está certa, não é gentil da sua parte falar isso". Ela me deu uma cesta de jeans para fazer bermudas, uma série de meias para fazer a triagem, instalou uma máquina de costura em um canto da cozinha e me disse para começar.

Não tinha feito nem duas bermudas e ela já estava me pedindo para ajudar a estender as roupas no varal, entre as árvores frutíferas do quintal; em seguida, descasquei os legumes e ajudei a arrumar as sete camas. Hoje à noite, coloquei as duas bermudas incompletas na cesta para costurar depois. Nesse ritmo, o serviço não vai acabar tão cedo.

8 de julho

Escovei os degraus do casarão, pintei as grades, esfreguei as cadeiras e lavei as bicicletas dos meninos que estavam na garagem. Sobre a costura, nada a declarar: a cesta para depois desapareceu.

9 de julho

Finalmente: as férias estão logo ali, restam ainda cinco dias de trabalho. A patroa é gentil, fala da sua terra natal e me conta da surpresa quando me viu conquistar a estima das crianças em tão pouco tempo. Talvez eu pudesse ficar em casa, ela me disse. Sobre costurar, nem um pio.

11 de julho

Uma jovem veio para remendar as bermudas. Enfim eu disse à patroa:

"Pensei que tinha sido contratada para costurar!"

Soltei a frase com um ar ingênuo, e a senhora respondeu:

"Faz tanto tempo que queria uma negra para a faxina! Quando a vi chegar, não tive coragem de lhe contar de imediato, mas já que a senhora dá conta do serviço! A senhora não pode ficar mais? Só saio de férias em agosto!"

Vim como costureira e, sem pedir minha opinião, ela gentilmente tinha me dado as vassouras, como lhe convinha. Eu poderia ter ido embora no primeiro dia, mas queria saber até que ponto e por quanto tempo aquilo continuaria! E eu vi o filme todo! Pobre Carolina, não estou ressentida, pois assim são as coisas! Somos classificadas pelo governo e por toda a França como sendo, antes de tudo, faxineiras, do mesmo modo que os poloneses são mão de obra no campo e os argelinos nos aterros. É uma ideia corrente que continua a se propagar, e a patroa, que está longe de ser má, põe em prática o que sempre ouviu. Pois então: é inconcebível que uma datilógrafa não seja datilógrafa, que uma costureira não seja, de imediato, uma costureira. Eu não iria explicar isso à madame, ela não teria entendido nada. Disse apenas que meus dez dias como costureira terminariam em cinco dias, e que cuidaria dos meus meninos durante as férias. Diante da minha insistência em repetir a palavra "costureira", ela ficou envergonhada e não insistiu.

13 de julho de 1963

Hoje é a minha última tarde na casa da corsa, e não pude dar jeito em nem um par de meias.

Dezenove horas — ainda é dia, e até o último segundo a patroa aproveita os meus serviços: do porão ao sótão, mexemos em tudo, meu rosto ficou cinza de tanta poeira, mas não fiquei irritada, pois sabia que, depois da minha saída, quando a madame tiver uma italiana ou uma marselhesa, vai perceber que pegou pesado e poderá dizer, do fundo do seu coração: "Pois é, exagerei com aquela negra". Empurrei o enorme fogão a óleo para dentro do porão, levei os cobertores de lã para o sótão nos cestos de vime, coloquei gesso em uma fenda que as crianças tinham feito na garagem, lavei por três vezes a grande escadaria de pedra, pois os meninos subiam e desciam sem esperar que ela secasse, e desentupi o cano que liga a caixa-d'água à casa. A patroa me dizia com sua vozinha doce:

"Faça o serviço para mim, já que a senhora não volta!" Ela não acrescentava: "E já que nenhuma branca o faria". Dei-lhe o prazer de possuir uma mulher negra até o último minuto, e saí rindo ao longo do caminho que me levava para casa.

14 de julho de 1963

Ontem de noite, passei uma boa camada de creme no rosto, preciso ficar bonita, irei para Allauch com umas conterrâneas dançar beguine.

No ônibus que me levava até a cidade em festa, o condutor me disse que eu precisava comprar duas passagens para sentar com aquela saia, e acrescentou maliciosamente: "Dona, eu carregaria esse troço para a senhora com muito gosto". Tanto bom humor me fez esquecer as tarefas absurdas da semana. Há coisas que não se podem esconder, as mãos são os cartões de visita dos indivíduos. Hoje, as minhas mãos não têm unhas, ou quase isso, e estão completamente enrugadas, mesmo com a camada de glicerina que passei nelas. Por isso, coloquei luvas. Desde que faço parte do mundo infernal dos empregados domésticos, minha testa adquiriu traços de preocupação, não consigo ter um ar leve sem algum esforço, e as duas empregadas que me acompanham também não transmitem mais a segurança das pessoas que têm um lar para chamar de seu.

Que se dane! A Provence nos convida! Esqueçamos os problemas. Até enfeitei minha filha com acessórios lindos, e as pessoas ao meu redor começavam a aplaudir assim que ela passava.

Na praça principal, no meio do cheiro de crepe e pizza, havia uma divindade verde e pagã, mistura de dragão, crocodilo e leão, sentada em uma antiga charrete. Pensei que estava sonhando, acreditava ter sido teletransportada para o meio da África. Para uma jovem que tocava com devoção nas patas daquilo, perguntei o que era, ela me informou que se tratava do símbolo da cidade de Allauch, que saía para a rua somente uma vez por ano. Tive que me contentar com essas explicações, todas plausíveis. Minhas companheiras passavam de uma barraca a outra sob os olhares indulgentes dos curiosos transeuntes. A noite caía, uma noite morna e cinza, que nos convidava a desfrutar aquele momento. Os diabos vindos do Norte estavam decididos a aproveitar ao máximo. Eles batiam as solas dos tamancos e tilintavam seus guizos, enquanto, no meio dos plátanos, suas plumas brancas se destacavam, insólitas, entre os galhos mais baixos. Um diabo girava em torno da minha bela compatriota. Com certeza ele era o cabeça daquela horda barulhenta. Nunca um campo de cana-de-açúcar florido tinha usado esse tipo de pluma. A floresta se inclinava para a frente, para trás, para a direita, para a esquerda, como se fosse movida por um sopro invisível. Nem podíamos atribuir aquilo ao mistral, pois o tempo estava mais do que calmo. O brincalhão olhava com interesse cada vez maior para Suzette, secava a testa, cuspia, dava ordens aos seguidores, que paravam ou gingavam, e sempre voltava para a Suzette, que estava orgulhosa da conquista. Ela entrou no jogo, respondendo com piscadelas maliciosas: foi o suficiente para o cabeça da trupe, que esqueceu os companheiros.

Ele se aproximou do nosso grupo e disse à Suzette:

"Por que o seu vestido está levantado desse jeito? É excitante!" A menina lindíssima começou a rir, e o diabo, atrevido, se aproximou, completamente agitado. Seus amigos o imitaram e vieram cantando para o meio do nosso grupo. Não vi sentido em sermos engolidas por esses demônios. Alguém que não falava francês direito me pegou pela cintura e assobiou de surpresa, certamente eu não estava bonita como as garotas que me acompanhavam e, além disso, tinha um olhar severo. Eu tive que dar um fora no engraçadinho e disse:

"Aqui é um desfile, não uma sessão de massagem! Com esses penteados, vocês vão roubar todos os holofotes!"

Ele não se assustou porque, aproveitando-se de uma sombra, inclinou seu enorme rosto vermelho na minha direção!

Suzette não conseguia parar de rir:

"Veja, até Maméga encontrou um nórdico para ela na noite de hoje!"

Caí fora e respondi que era por culpa dela que tínhamos todos aqueles diabos na nossa cola, que tínhamos que parar de provocar aqueles palhaços:

"São mesmo verdadeiros capetas! Não é só a fantasia!"

Enquanto isso, na iluminada Allauch, os grupos regionalistas avançavam sob os aplausos da multidão reunida ao longo da avenida principal.

Eu me virei para o chefe dos diabos e gritei:

"Nossa! Nós vamos atravessar a cidade, comportem-se um pouco!"

Ele proferiu sons guturais para o resto dos diabos que estavam entre nós.

Suzette desdobrou a saia e reajustou o madras, bateu os sapatos de salto alto, enquanto a multidão aplaudia loucamente. De repente, ouvi meu nome: era a mulher da Córsega e seu bando, eles tinham me visto e não se controlaram, as crianças chegaram chutando os meus calcanhares. Aproximei-me da minha ex-patroa, seus olhos se arregalaram:

"A senhora não me disse que participava desse tipo de evento! Imaginei que estivesse descansando hoje!"

A patroa tinha motivos para chegar a essa conclusão: qualquer outra pessoa além de mim estaria exaurida após ter passado pela sua casa, mas é exatamente para ter um bom motivo para estar cansada que eu estava lá naquela noite.

Respondi, quase rindo:

"Isso é o tipo de coisa que não se diz a uma mulher!"

Ela olhava as luvas de náilon nas minhas mãos, mãos que vinte e quatro horas antes estavam cheias de graxa, de tinta ou de decapante, ela olhava para o penteado que as meninas tinham feito, olhava meus sapatos de salto alto, ela que só tinha me visto com chinelos velhos, com os cabelos cobertos por um lenço, ela não compreendia, parecia que eu a tinha enganado. Relaxei o máximo que pude e ofereci sorvete aos seus filhos, que não cansavam de olhar a minha filha brincando com as bolinhas douradas do seu colar da Martinica. E opa! Desapareci no desfile para que, daquele momento em diante, eles fossem apenas uma lembrança, uma das menos desagradáveis da minha vida como faxineira, pois a madame só tinha posto em prática a teoria: para uma mulher negra, trabalho duro. Eu já tinha trabalhado como uma condenada sem nunca supor que a madame poderia ter pensado de modo diferente.

O desfile terminou, meu diabo com plumas veio me pedir uma lembrança: dei um lencinho de seda em nome do meu grupo, ele o enfiou no bolso da sua blusa bufante.

Suzette não segurou a gargalhada: "Imagina só chegar à minha terra natal com meu diabo loiro! O que minha mãe diria?"

"O que temos que pensar é o que diria a sua mãe se a senhorita se apaixonasse por ele!"

Minha resposta foi uma ducha de água fria, o que a sossegou. As duas empregadas tentaram reagir, como todo mundo, mas sem sucesso, a servidão as marcou para sempre. Facilmente consigo amainar a sujeição moral que acompanha essa maldita profissão porque tenho um lar para chamar de meu, uma família para chamar de minha. Mas como compreendo essas garotas presas dia e noite às ordens das malditas madames.

No final da noite, suspirando de alívio, guardei meus adereços. Dois meses de interrupção forçada serão bem-vindos, assim poderei realizar meu projeto de ir a Paris.

13

16 de julho de 1963

Não há crianças indo para a escola, nenhuma casa de madame para tirar o pó, há um sol tropical, alguns francos na bolsa, é só alegria! E, cúmulo da felicidade, não preciso me levantar às seis da manhã, encontrei minhas pantufas e um velho roupão que provavelmente nunca usei. Ontem preparei potes de geleia "para o inverno", mas que já começaram a ser degustados pelas crianças. E este monte de roupa para remendar! Descubro que há muito o que fazer em casa e que sou eu que precisaria de uma faxineira.

18 de julho de 1963

Solange me escreveu de Paris, ela está encantada com a sua nova vida. Claro que o inverno ainda está longe. Ela diz para eu apressar a minha vinda, caso queira encontrar uma editora aberta. Decidi não continuar com a história do agente literário, custa muito dinheiro. Talvez, indo até a Gallimard ou a Julliard, não teria nada a pagar tão cedo, estou decidida a me virar por conta própria. Solange me diz para vir, mas acrescenta: "Me informei, você já perdeu essa, não tem contatos, não tem um nome de impacto, você não é nada, e não se faz nada para quem não é nada, a menos que você tenha muito dinheiro para gastar, talvez; o meu sobrinho que está na universidade

151

me contou isso, ele me pediu para convencer você a colocar tudo na lata do lixo; seja como for, você pode vir, o tempo está ótimo e seus filhos poderão conhecer a Torre Eiffel".

Melhor estar prevenida, assim não ficarei decepcionada, tirarei conclusões por minha conta e risco. Carolina, a resignação nem sempre é uma coisa ruim.

20 de julho

Sempre tiro com prazer meu roupão às seis horas, quando as cigarras já estão cantando, há giestas por toda a casa e a magia do auge do verão provoca um relaxamento automático em tudo o que faço.

Começo a arrumar as malas, todos vamos a Paris na próxima semana, exceto o pai dos meninos.

A sra. Roland veio à noite, quando estava dobrando o último par de meias das crianças. Pode não parecer nada, meia dúzia de pares para dar um jeito, mesmo assim a minha tarde se foi. A sra. Roland me viu ocupada e me perguntou por que eu parecia tão apressada. E logo me disse:

"Minha filha só vai entrar em férias no dia 6 de agosto, ela trabalha no escritório de um advogado; sua colega de trabalho já foi embora, então ela é a única em serviço, e não é que, em pleno verão, ela fica com a garganta inflamada? Pensei que a senhora poderia ficar no lugar dela até o dia 6, sabe como é, se ela puser uma mulher branca no trabalho, talvez não consiga voltar depois, não queria que minha menina começasse a fazer faxina como eu, ralei tantos anos para que ela fosse a uma escola técnica, ela acabou de sair da Marie Curie, sabe, o grande estabelecimento perto do Boulevard Chave. Isso não me impediu de ter enormes dificuldades para lhe arranjar um emprego."

Respondi:

"Estou saindo de férias, vou para Paris com a criançada durante dez dias: parto no dia 25 e volto no 11 de agosto, já está tudo programado."

A sra. Roland começou a chorar, o que fez meus braços amolecerem e meu estômago embrulhar.

"Não é que o advogado não encontre substituta, pelo contrário! Mas é que eu não queria que ela perdesse o lugar, já disse que ela enviaria alguém por dez dias, imaginei que a senhora estaria disponível, já que são férias!"

Exatamente, as férias chegaram, e eu não queria ver as madames e os senhores nos seus escritórios ou na intimidade, estou farta, mas a mulher começou a chorar, confiava em mim, pensava que eu ainda podia exercer um trabalho não tão degradante. Ela não tinha olhado as minhas mãos sem unhas, eu tinha conseguido limpá-las, mas elas não pareciam mais as mãos de uma secretária. Eventualmente, quando eu não estava coberta pelo uniforme azul, poderia me vestir de modo adequado, mas nada daria jeito nos malditos dedos. O reumatismo já está deformando as articulações, toda vez que os mergulho nas bacias geladas das madames fico muito complexada.

Disse então à sra. Roland:

"Está vendo! Minhas mãos estão rígidas e eu perdi toda a agilidade necessária para o trabalho! E ainda tem as férias: como adiar em dez dias?"

Com as mãos neste estado, não se diz aos quatro ventos que o plano é procurar um editor em Paris, o medo é que a cidade inteira comece a debochar. O álibi das férias é excelente. Meu marido chegou nesse meio-tempo, tomou conhecimento do pedido da sra. Roland, da minha hesitação e exclamou:

"Esta é a oportunidade para você se afastar de vez das panelas e largar a sua vida de cobaia, indispensável para a sua pesquisa, na teoria! Logo logo você estará tão impregnada dessa vida que será impossível sair dela!"

Fiquei aterrorizada: até o fim da minha vida não conseguir sair da servidão, não posso nem imaginar! Vejo a tia Jeanne toda entravada no subúrbio de Paris depois de passar trinta anos da sua vida na casa dos outros. Ela está no sistema de seguridade social e tem aposentadoria por idade, mas não recebe nem um olhar de gratidão de quem viu nascer, crescer, se casar. Contudo, ela amava aquela família mais do que seus próprios pais! Agora só lhe restam lembranças, um cacho castanho da burguesinha que viu crescer, um cachorro de gesso que lhe foi oferecido num final de ano e, claro, a resignação. Quando a vejo, ela invariavelmente fala comigo sobre os patrões, sem amargura, com orgulho:

"Fiquei com eles durante trinta anos! Foi uma época boa! Teve a guerra, que mexeu com os nossos costumes, os jovens não se lembram mais de nada e os velhos tiveram tantas preocupações!"

Eu a admiro tanto que não me atrevo a lhe dizer que detestaria terminar meus dias nesse clima. Consinto com a cabeça, e minha alma se apavora com aquilo tudo.

Eu me perdi em pensamentos, não via mais a sra. Roland, pensava na tia Jeanne. A senhorinha notou:

"Então, a resposta é sim?"

"É sim!"

Meu marido suspirou de alívio:

"Talvez voltar para um escritório vá desintoxicar você."

Quando agosto bate na porta, não há nada que seja capaz de desintoxicar, salvo ar puro e liberdade. Assim mesmo, respondi que "sim", e a sra. Roland saiu tranquilizada. Hoje à noite, não estou feliz nem braba, passo creme nos meus dedos rijos para encarar decentemente as teclas de uma máquina de escrever.

20 de julho de 1963

Entrei no escritório com ar seguro, determinada a não dizer que era faxineira na casa dos outros. Logo perdi minha pose, pois o advogado já tinha me visto na residência do médico, um dia em que viera com a esposa tomar chá. Senti um frio na barriga e esperei que ele me dissesse para limpar o corredor do prédio. Houve um breve momento de surpresa, e ele gentilmente me falou:

"Então, a senhora sabe fazer tudo? Que bom, sente-se aqui à mesa!"

Eu esperava tudo, exceto aquilo; balbuciei:

"É só por alguns dias, a menina logo estará curada!"

Tive vontade de chorar e entendi que minha temporada no cheiro da vida dos outros tinha me marcado, me deixado complexada. Busquei refúgio atrás da mesa móvel, onde uma pilha de pastas esperava sem indulgência. O advogado me disse:

"Responda aos clientes, fórmulas tradicionais, anotei o essencial, consulte as pastas que estão ali!"

Ainda bem que o caro doutor foi embora! Tudo parecia inacessível: por cinco vezes seguidas, recomecei a primeira carta. A cada ligação, largava meu texto e, febrilmente, pegava o telefone:

"Alô! Não, o doutor não está! Deixe um recado."

Durante o dia inteiro não ousei dizer "É a secretária que está falando!", como deveria. Meus interlocutores eram invisíveis e, entretanto, acreditava estar vendo seus olhos escrutinadores imaginando onde tinham me visto, em quais casas, nas casas de quais patroas. Desde que troco de dono como se troca de meia, tenho que estar pronta para todo tipo de surpresa. Enfim, Carolina, o dia passou, meu constrangimento também. Está tão quente que não tenho vontade de dormir, estou batendo à máquina, batendo, batendo, mas para lhe escrever, e de repente sinto as mãos relaxadas, me sinto em casa, a confiança sempre faz milagres. O dr. Bracci foi mais do que um mero patrão. Pacientemente, corrigiu meus erros de datilografia e me disse que eu tinha um estilo bonito, o que foi suficiente para que, ao fim do dia, eu esquecesse que ele tinha me conhecido passando o espanador numa mesa de trabalho em vez de sentada atrás desse mesmo móvel.

24 de julho de 1963

Pego dois ônibus para ir ao escritório do dr. Bracci, chego num estado deplorável, corro para a sala estreita com apenas uma janela que dá para o pátio, vejo os telhados vermelhos barrando o horizonte e capturando os raios do sol saariano. Sonho com uma rede, e o doutor, impecavelmente vestido, parece ter saído de uma vitrine da Canebière. Depois de copiar duas páginas, começo a suar, não tem um mísero sopro de ar e o ventilador está estragado, seco a testa sem parar, o doutor afrouxa levemente a gravata e diz:

"O que será de nós se o tempo continuar assim? Felizmente a senhora está acostumada!" Até ele diz isso! Se um dia eu estive acostumada a sentir calor sem poder abrir as portas e as persianas ou sem andar descalça em um parquê encerado, certamente já esqueci, o calor me faz um mal terrível, sobretudo porque me europeizei, ando debaixo do sol sem sombrinha e sem uma capelina de palha na cabeça, exatamente quando o equador está passando por Marselha.

À máquina, escrevo, escrevo e reescrevo. Pego ou arrumo folhas em um monte de pastas multicoloridas cuidadosamente organizadas. Já consigo responder sem gaguejar. O calor me sufoca, apesar da minha blusa aberta ao máximo. O doutor está mais fora do escritório do que dentro. Depois que ele parte, ponho os dedos para funcionar e divago: bilhetes de trem com tarifas reduzidas... irei a Paris, verei de novo Paris, visitarei as lojas de departamento! Encontrarei um editor! Vou percorrer a Champs-Élysées com as crianças. Enquanto isso, o trabalho está concluído e já são quase seis horas; na sala de espera, os clientes também secam a testa aguardando a chegada do chefe.

Ele entra já emendando uma conversa, anotando coisas, sem parecer sentir calor. Assina as cartas, as quais ponho em envelopes, antes de deixá-las na caixa dos correios mais próxima. Chego em casa completamente sem fôlego e vou correndo para um banho salvador.

27 de julho de 1963

Quando meus olhos se abaixam para não ver mais as telhas fumegantes iluminadas por uma claridade intensa, meu olhar se debruça sobre as janelas do outro lado do pátio, num andar onde uma voz de mulher recita salmos todas as tardes. Fiquei intrigada, eu ouvia, mas não podia ver: o calor após o almoço era horrível, mas me levou a compreender quem tinha aquela voz tão impostada. Uma mulher corpulenta abriu os dois vidros da janela, que escondiam uma aglomeração barulhenta e esquisita.

A mulher invocou a graça e a força de Deus e gritou: "Silêncio, por favor!"

Ela então chamou pelo nome uma lista de pessoas; percebi que ela dirigia uma instituição de caridade israelita. Vigorosa e asperamente, ela dizia:

"Nos seus lugares! Não é o seu dia! Já a vi ontem! Não posso fazer nada pela senhora!" Sua voz, agora que a janela estava aberta, cobria o som da minha máquina e me obrigava a fazer longas pausas para entender o que estava acontecendo. Ouvi "Não posso fazer nada pela senhora", e vi uma senhorinha de luto, toda curvada, olhando atordoada a mulher corpulenta responsável pelo local. O doutor tinha saído e eu havia terminado a correspondência. Mais de uma vez, notei a velhinha voltando para perto de quem, pouco antes, rezava de qualquer jeito um "Deus de caridade". Agora, ela não tinha mais paciência diante da velha senhora esfarrapada e suplicante:

"Não quero saber de nada! Não posso fazer nada pela senhora!" Fiquei de cabelo em pé e senti um frio na barriga. Sempre temos algo para dar a alguém. Uma palavra de conforto, uma recusa bem-educada, um olhar que diz muito. É inútil servir em nome de Deus se você tem um coração vazio. Fiquei triste ao pensar isso, e o dr. Bracci entrou sem que eu percebesse, viu que eu observava os vizinhos e simplesmente falou:

"Aqui é triste! Somente as pessoas da frente mudam esse cenário, a senhora está certa em relaxar!" Eu não podia acreditar! Faz dezoito meses que ninguém me diz isso, muito pelo contrário!

Carolina, preciso repensar minha maneira de ver as coisas, mas antes gostaria de saber se o doutor agiria do mesmo jeito comigo se um dia eu varresse a casa dele!

Agora, para escrever a você, Carolina, tenho um sistema: no ônibus, uso minha bolsa como suporte para o caderno e pego uma Bic. É quase uma hora de trajeto, e uso esse tempo perdido como posso, escrevendo sem parar. A mulher de cinza que sempre senta na minha frente ficou intrigada. Ela me perguntou a quem eu escrevia, e emendei:

"Para a Carolina!"

"É a sua filha?"

"Não, é minha irmã!"

Não parecendo convencida, acrescentou:

"É para seu namorado, provavelmente!"

Dá para ver que ela imaginava coisas, agora não se escreve mais para o namorado, a gente telefona para marcar um encontro, eu ponderava e sorria, e a mulher de cinza tratou de confirmar sua hipótese:

"Acho que eu adivinhei."

Aquela senhora me fez evaporar definitivamente da memória a mulher corpulenta que dissera "não".

29 de julho

A sra. Roland vem preparar comida para meus filhos a tempo, não tenho um minuto de descanso, e no escritório não se pode chegar atrasada como nas casas das patroas. Preciso trabalhar o dia todo nesse ritmo e, ao chegar em casa à noite, noto os cabelos mal e mal desemaranhados, sandálias sem cadarços: a sra. Roland não consegue impor disciplina à criançada, que só pensa em caçar cigarras enquanto espera meter o pé na estrada rumo a Paris. Hoje, o doutor me serviu um refresco. O verão anterior parecia distante, quando eu, embaixo da luz fluorescente duma casa de família, para refrescar minha garganta queimando não tinha outra escapatória senão passar a língua nos lábios ressecados. É assim que me dou conta de que existem profissões realmente bestas, visto que, dependendo se você se dedica à faxina ou às letras,* passa da condição de burro de carga à de ser humano. No entanto, continuo, minha velha amiga Carolina, com meus dedos rijos e sendo a mesma pessoa; então chora, chora minha alma, pois há muito mais irmãs na primeira categoria do que na segunda. Quando serão finalmente rompidas as correntes que elas não forjaram? Bebi meu refresco, e o doutor, me vendo perturbada, exclamou:

"Pode abrir a janela, essa onda de calor definitivamente derruba qualquer um."

Pois é: está quase acabando. A garota voltará para o escritório e eu irei a Paris justo para encontrar, acho, todas as livrarias fechadas. Mas me fará um bem enorme enquanto aguardo a volta às aulas e as futuras agitações nas patroas.

---

* Em francês, há o jogo de palavras entre *femme de ménage* (faxineira) e *femme de lettres* (escritora), que dá conta da relação trágica entre profissões e classes sociais.

2 de agosto

Fui regiamente paga pelo dr. Bracci, corri direto à estação de trem para comprar nossas passagens. Enviei um telegrama a Solange para que ela nos receba na Gare de Lyon. As crianças estão em polvorosa. Para elas, a primeira vez em Paris soa como um mundo maravilhoso.

4 de agosto

Segurando firme, em uma pasta, meus manuscritos e minha esperança de encontrar um editor, olha eu aqui, enfiando os meninos em um táxi. Meu marido vai fazer a própria comida. Solange estará lá na hora combinada.

14

5 de agosto

Pela manhã, encontrei Paris como a deixei há dez anos, silenciosa, úmida e disciplinada. Ainda sonolentas, as crianças se misturaram à multidão de viajantes que estava na fila para pegar um táxi. Minha menina, como boa marselhesa, me perguntou por que o policial que organizava a longa fila não falava nada. Em Marselha, todos os policiais falam. Felizmente Solange ainda era uma provençal, ficávamos atordoados ao ouvi-la falar, seus esforços para arrumar um emprego num hospital como faxineira, suas aventuras nas agências de emprego. Por fim, acabei entendendo que ela era lanterninha num cinema do seu bairro:

"O trabalho é fácil, eu digo 'Siga-me, senhor', 'Por aqui, senhora', ninguém percebe que eu não falo bem francês." Ela dizia isso rindo, e a multidão silenciosa e cansada a olhava com espanto. Meu caçula exclamou:

"Mãe, por que as pessoas são tristes em Paris? Por que é assim?"

"Eles não são tristes, mas em Paris é preciso ser desse jeito, mesmo no verão, todo mundo está sempre com pressa, isso deixa qualquer um para baixo."

Solange ria:

"Até os taxistas são assim, beiram a grosseria. Você tem noção, com esse verão lindo, em Marselha, o taxista iria propor passar na praia, dar um pulo em Catalans, puxaria conversa, teria dito algo, enquanto este aqui é surdo e quase cego."

O motorista sobre quem Solange falava já tinha arrumado nossas bagagens no porta-malas do carro quando, de uma hora para outra, percebeu que éramos sete. "Não vou levar todo mundo, decidam, tenho mais o que fazer." Ia ser assim. Solange se amontoou com as três crianças no táxi do pouco afável motorista e me fez entrar em outro veículo, que estava sendo muito disputado por outros apressadinhos. Ela disse ao taxista que a levava: "Estamos indo para Villejuif." Repeti a mesma coisa para o nosso motorista, recomendando que seguisse o veículo da frente. Sem um olhar, sem uma palavra, ele rapidamente ligou o carro.

Jean-Pierre continuava:

"Por que o tio está triste, o que que ele tem?"

Depois da Porte d'Italie, sem dificuldade, chegamos à ruazinha onde Solange está hospedada. Ela empurrou a cerca de madeira e entrou na sua casinha que, de tão pequena, tão pequena, lembrava um pombal.

"Pois então", disse ela, "este é o meu cantinho! Aos poucos eu vou ampliando. Para pagar, vendi as minhas joias e até mesmo meu Citröen 2CV, até as economias de vinte anos se foram. Meu marido está feliz, quando chega de Le Havre é mais fácil para ele vir e para eu visitá-lo! A propósito de Le Havre, minha amiga! Se você tivesse visto o número de negros que chegam por lá, é muito mais do que em Cannes ou Marselha! Fui ver meu marido, o cais estava cheio de antilhanos, pensei estar em Fort-de--France! Mas o que acontece para que todos os habitantes da ilha saiam de mala e cuia?"

Enquanto ela falava, não perdia tempo: em menos de quinze minutos, ela converteu sua sala minúscula em um quarto de hóspedes. Nos dois divãs transformados em camas, estendera lençóis branquíssimos, ela era extraordinária, incrível:

"Mantive o hábito de ser ligeirinha, tenho ainda a impressão de ter uma patroa nos meus calcanhares! Meu marido pergunta o que tenho para sempre pular da cama, fiquei condicionada, não consigo ter uma vida mais pacata. Hoje estou livre, ou melhor, pedi quarenta e oito horas de folga, vamos ao mercado de pulgas em Bicêtre!"

Abri as cortinas, vi um pequeno quintal, cabiam doze pés de alface, em frente à pequena casa que Solange chamava de "meu lar". Ela estava tão orgulhosa do ninho todo cuidadinho que entrei na onda e desejei que ela rapidamente realizasse o seu sonho e o ampliasse.

6 de agosto

Dois dias com Solange em Paris é algo incrível. Ela me levou a Les Halles de manhã cedo, enquanto as crianças ainda dormiam, encontrei todas as Antilhas andando entre caixotes de legumes ou caixas de peixe. Falava-se crioulo, interpelavam uns aos outros: a manhã no mercado cinza não era nada triste. Compramos um atum-gaiado por sete francos e dois grandes cestos de legumes por uma ninharia. Ficamos tentadas pelos preços módicos, sem pensar que seria preciso carregar aquilo tudo no metrô. Ao chegar a Porte d'Italie, estávamos exaustas: chamamos um táxi. Foi o tempo de preparar as crianças para sair e já era meio-dia.

Disse a Solange que, se continuasse assim, nós, marselheses, não teríamos tempo de ver Paris. Ela não perdeu o foco, foi buscar um carro para o dia em uma garagem próxima e nos amontoou num Simca Aronde, anunciando que conhecia bem Paris: "Em caso de problema", ela acrescentou, "não há nada a temer, todos os guardas de trânsito hoje em dia são antilhanos". Disse tudo isso às gargalhadas. Com surpresa, compreendi que Solange não estava de brincadeira, conhecia perfeitamente o caminho. Ela se dirigiu para o rio, mostrou tudo, com explicações bastante razoáveis.

No Quai Branly, as crianças começaram a pular de alegria, gritando: "Que lindo agora! Paris às cinco da manhã é triste, mas no meio da tarde, durante o verão, quando a beira do rio é nossa, é quase o Paraíso!". Solange freou bruscamente perto de uns arbustos, as crianças saltaram do veículo e correram para chegar o quanto antes aos pés da Torre Eiffel. Elas gastaram toda a sua mesada em cartões-postais. Tive que pagar pelos broches e pelas miniaturas da torre. Chegando ao primeiro andar, estávamos com tanto calor que Solange exclamou: "Nossa, que sol danado!". É claro que meus filhos partiram de lá deslumbrados; depois de visitar o Palais de Chaillot, decidiram morar em Paris, era tudo tão bonito.

Solange me disse que ela já tinha procurado por todo o bairro Saint-Sulpice e que havia notado que de lá até Saint-Germain-des-Prés, passando por Odéon, todas as editoras estavam fechadas.

"Não se empolgue! De manhã você dá uma volta, tranquila, enquanto eu tomo conta das crianças, só pego no batente à uma da tarde. Quando você for famosa, lembre-se de que fui eu quem lhe abriu as portas."

Cara Carolina, é melhor encarar a vida assim, como um raio de sol: nem decepção, nem mágoa, nada ofusca o jeito de ser maravilhoso da Solange, e as crianças estavam encantadas por terem uma amiga dessas.

9 de agosto

Fui até o metrô Odéon, segurando com cuidado um endereço que me fora dado havia quase três meses. Embora prevenida, achei que encontraria aberta a primeira porta em que bati.

Simplesmente li, num cartaz pendurado nessa bendita porta, as palavras FECHADO DURANTE O MÊS DE AGOSTO. Peguei um ônibus para ir a Saint-Sulpice, onde planejava recuperar meus manuscritos das mãos do agente literário, também li na porta FECHADO EM AGOSTO. Já era meio-dia e eu só tinha conseguido visitar dois lugares. Bateu uma tristeza, quis pegar o trem de volta.

10 de agosto de 1963

Enquanto Paris é invadida por turistas que só pensam em tirar fotos, eu pulo de um metrô para outro, de um bairro para outro, e as zeladoras sempre me dizem gentilmente que devo voltar após as férias. Hoje, em Saint-Michel, uma delas me disse para deixar os meus escritos com ela. Ela parecia saber de muitas coisas. Disse, por exemplo, que os manuscritos às vezes levam seis meses para serem lidos. E ainda tinha uns que nunca eram lidos. Eu bem que podia deixá-los com ela, ela me achou simpática, me recomendaria com todas as suas forças. Foi a pá de cal para me "murchar" por completo, ainda mais que meus pés me doíam até dizer chega, Solange tinha me aconselhado a usar salto alto para parecer "mais apresentável".

Pouco antes, eu não estava nada apresentável, mancava de uma das pernas e começava a me desesperar, o que me fazia sentir ainda mais calor.

Para não deixar que o desânimo tomasse conta, uma peregrinação a Montmartre. Ficaremos lá em cima o dia todo.

Solange voltou ao trabalho. Quando retorno ao meio-dia, ela está partindo às pressas, regressando para casa à noite: logo, não a vejo muito.

12 de agosto de 1963

Calcei sandálias e fui à região dos Grands Boulevards à procura do Museu Grévin. Havia uma longa fila disciplinada, cheia de garotos irritados, não conseguia ver o preço da entrada. "Talvez cinquenta francos, como nos museus de Marselha", disse um dos meus meninos; comecei a contar, pois o dinheiro acaba tão rápido quando estamos de férias que já parei de comprar lembranças para os vizinhos, e também disse às crianças para enviarem menos cartões-postais, elas queriam mandar cartões em cada agência dos correios. A visita ao Museu Grévin era imprescindível, mas quando a caixa engoliu minhas três notas de mil, achei a situação desagradável. Disse aos meninos para não me pedir coca-cola ou amendoim, pois tinha deixado o dinheiro da bebida na bilheteria. Isso esfriou o entusiasmo deles, fazendo com que passassem com indiferença por Robespierre, Margaret e as outras estátuas de cera que eu queria tanto mostrar. O espetáculo "som e luz" consegue impressioná-los, mas também desperta o apetite e a sede, sentida por todos ao mesmo tempo. Não pude me privar então de comprar refrescos e depois, acredite, Carolina, tive que me controlar para não dizer aos gritos que minha bolsa esvaziara antes do esperado. No metrô, as crianças, finalmente satisfeitas, estavam fascinadas com as nossas viagens subterrâneas. Sob os pinheiros, não era a mesma coisa, mas agora terão o que contar a todos os seus amigos que tinham ido às montanhas! Liam em voz alta os nomes das estações, sob o olhar surpreso dos passageiros.

À noite, receberam uma carta do pai, aí viraram chauvinistas, disseram a Solange que os Grands Boulevards eram mais feios quando comparados à Canebière e que tudo na capital era mais caro do que em Marselha. Perguntaram quando voltaríamos para lá. Dei uma olhada na carta. Ele contava sobre a tarde que passara em Catalans com uma família amiga: por causa disso, meus pequenos marselheses, em plena Paris, começaram a sonhar com seixos e castelos de areia. No entanto, antes de partir, preciso passar por Saint-Germain, o único compromisso da temporada parisiense relativo aos manuscritos ocorrerá lá amanhã.

13 de agosto de 1963

Tomada de emoção, apresentei-me à senhora mais encantadora que Paris possui. Ela publica apenas revistas históricas. Suas palavras de incentivo pareciam sinceras, me dizendo por fim para voltar após as férias de verão, quando poderei encontrar as pessoas certas. Peguei a criançada, que me esperava no corredor com a sacola de comida, pois a ideia era fazer um piquenique em Montmartre.

Para percorrer Paris nesse dia de sol, e especialmente para "estar apresentável", Solange, que está no seu dia de "folga", me deixou com um visual que observo nas poucas vitrines sem cortina de ferro. Solange tem uma cabeleira formidável; no entanto, para ficar na moda, se vale de uma inacreditável coleção de perucas, de tranças falsas. Ela tem um rosto harmonioso e é bonita, mesmo sem nenhum artifício, o que não a impede de ter uma gama de cremes e frascos de hidratante. Pegou essa mania depois que começou a trabalhar em um salão de beleza. Aí, hoje de manhã, ao raiar do dia, veio me dizer que queria me deixar "sexy". Quando a vi encurtar em pelo menos três centímetros meu vestido reto, fiquei bastante resistente à ideia. Ela riu e disse: "Como você está indo para um encontro importante, não pode ter o ar de uma senhorinha, conta bastante, sabe como é!".

Eu também não queria parecer estar nessa moda do iê-iê-iê e olhei desconfiada os dedos ágeis da Solange diminuindo o vestido. Quando terminou, ela me colocou em uma cadeira e cuidou do meu visual. Pegou cremes, pomadas, sei lá o quê, e começou a transformar a minha pele, pegou pincéis e fez dos meus olhos dois peixinhos. Em seguida, plantou na minha cabeça uma alcachofra gigantesca, a qual recusei sustentar: eu alcançaria facilmente um metro e noventa com aquilo. Ela a substituiu por um par de tranças que me fazia parecer uma garotinha, as crianças pularam de alegria... Depois, diante da minha hesitação, ela ajustou apenas uma trança e acrescentou uma espécie de franja que tapava a minha testa. As crianças enlouqueceram, e eu decidi manter aquele penteado de que tanto tinham gostado. Calcei os sapatos de salto alto, o que para Solange era fundamental, tomando cuidado para camuflar na minha sacola de compras um bom e belo par de sandálias com pontas gastas, mas muito confortáveis de usar. Escondi, antes de sair, os peixes debaixo dos óculos de sol, mas seria preciso lidar com o resto. Tudo começou no ônibus, onde o cobrador assobiou quando me sentei. A mulher com quem tinha marcado um encontro me disse, sem rodeios, que não me via assim, supunha que eu fosse alguém mais convencional e comedida. Mas Solange tinha deixado a sua marca em mim, não podia explicar e engoli os elogios com ar natural. Cada vitrine me gritava *"Quo vadis?"*. Tirei aqueles sapatos danados para ficar mais à vontade e entrei no metrô para ser menos notada. Saboreava antecipadamente a emoção que sentia toda vez que ficava em frente à basílica de Montmartre quando um homem baixinho, sentado ao meu lado, começou a aproximar sua perna da minha, enquanto lia atentamente seu jornal. Afastei-me o máximo que pude, mas a perna incrivelmente indiscreta do sujeitinho imediatamente encontrou um pedaço do meu joelho que o vestido não cobria. Peguei um dos meus meninos e o coloquei no colo, transversal a mim, assim o sujeito, para se distrair durante o trajeto, passou seu tempo a desviar, em vão, de um par de pezinhos. Notei que ele ficou furioso, o que me divertiu demais.

Desci na estação Blanche. Meus filhos, morrendo de calor, levavam seus casacos embaixo dos braços. Já tinha lhes falado muito sobre o elevador que leva à basílica, agora foi o momento de mostrá-lo, e então todos ficaram olhando para cima. Eles estavam procurando descobrir até onde iria o aparelho; vitoriosamente, um deles anunciou:

"Olha só! É mais baixo que o da basílica Bonne-Mère!" Enquanto os outros concordavam, a irmã era fotografada por um grupo de turistas. Arrastei-os da entrada do elevador para deixá-los em frente ao harmonioso conjunto de degraus que leva à basílica. Eles pararam por um momento para olhar. Como eu gostaria que eles vissem tudo o que tem de bonito em Paris! O caçula disse:

"Nós poderíamos morar por aqui! Tem um monte de passarinhos!" E ele se precipitou para um gramado verde, onde pássaros marrons debicavam. Minha alegria durou pouco, o pestinha do bando quebrou o feitiço ao mostrar o majestoso cenário:

"Seria bom brincar de pega-pega, não é?"

E a irmã acrescentou:

"Diz para mim, mãe, por que não tem pinheiro-manso como no morro da igreja Notre-Dame de la Garde? Onde vamos parar para comer?"

Aquele que queria brincar de pega-pega tomou a rédea das operações e, super-rápido, subiu metade dos degraus, logo seguido pelos três irmãos. Havia muitos visitantes, desisti de chamá-los, também não me atrevi a ir atrás deles, minha saia, curta e justa demais, impedia essa utopia. No topo, meus filhos, todos de camisa vermelha, como papoulas no verão, me observavam chegar com dificuldade. Acenavam para mim em júbilo, como se tivessem conquistado o topo do Everest. Eles também tinham conquistado um vendedor de imagens da basílica de preços proibitivos. É evidente que as crianças já queriam gastar com lembrancinhas. Desviei a atenção deles ao mostrar um ônibus bege de dois andares, atolado de turistas.

Eles não paravam quietos, e tive de fazer, antes de entrar na basílica, um pequeno discurso sobre a devoção. Só isso, minha pobre Carolina, para contê-los: uma espécie de temor a Deus. Depois, sabia que poderia orar em paz enquanto eles visitariam mais sossegados aquele conjunto arquitetural. No entanto, ao entrar na igreja, minha filha me perguntou baixinho:

"Por que está tão escuro aqui?"

Uma mulher, com uma câmera debaixo de um lenço, tirava fotos às escondidas. No coro, pessoas ajoelhadas oravam. Tudo era tácito e contemplativo. Decidimos rezar um terço inteiro; eu estava acabando as primeiras dez orações, e os meninos já tinham dado a volta. Estavam impressionados com o ambiente e não gostavam daquilo tudo; discretamente, o mais novo puxava as mangas do meu casaco de malha. Eu me segurei, me concentrei ao máximo para ignorar as cabeças virando para todas as direções, os terços dando uma volta pelos bancos. Cedi à vontade deles de deixar a igreja somente quando uma das vozes sussurrou: "Mãe, a gente tá com fome...". Junto às portas que davam acesso à basílica, duas religiosas pediam doações, uma era velha e enrugada. O mais atrevido do bando, que brincava de pega-pega em qualquer lugar, se postou na frente da lastimável religiosa e disse:

"Coitadinha! Ela deve estar com frio, nossa! Como é que deixam a coitadinha ficar aqui?"

Quando os "por quês" e os "como" começam a brotar aos montes, é preciso ser engenhosa para escapar sem parecer ignorante. Dessa vez, escapei, respondendo:

"É quase meio-dia, vamos procurar uma sombrinha para almoçar."

Tínhamos encontrado um pórtico que nos levava até o outro lado do morro, subimos os degraus para chegar até lá e começávamos a devorar os sanduíches quando passou por nós uma turma de um internato do mais puro estilo inglês. As meninas vestidas como convinha, sem requinte, mas sem desleixo, andavam com disciplina, acompanhadas por duas monitoras.

Ao chegar perto de nós, elas gritaram e pararam. Uma tribo de negros comendo nos degraus daquela basílica era insólito, certamente ausente nos folhetos sobre Montmartre. Depois de conversar com as alunas, uma das monitoras veio até nós e me pediu, com um sotaque característico, autorização para nos filmar. Os meninos quiseram bancar as vedetes, salvo o caçula, que na hora se recusou, escondeu a cabeça entre os braços cruzados e, em seguida, fez uma careta tão grande para a câmera que a monitora abandonou o projeto e voltou ao seu grupo, que chorava de rir.

Após comerem e beberem, fiz um breve sermão para encorajá-los a entrar de novo na basílica: haveria tempo para quantos banhos de sol quisessem quando voltassem para Marselha. Retornamos então à igreja, eu queria nutrir os olhos deles com aquelas pedras veneráveis, queria sobretudo que guardassem pelo menos uma frase dentre tantas inscrições, lembrando as origens daquele lugar. Eles fizeram uma volta completa pelo recinto com muita calma, leram meticulosamente tudo o que eu queria e esqueceram tudo quando cruzamos a saída pela última vez.

15

15 de agosto de 1963

Os cartões-postais devem ser enviados no calor da emoção causada pela beleza das coisas vistas ou ouvidas: decidi então redigir sem demora os meus. Mas nesse ato havia também algo provocador. O que seria mais divertido do que escrever as seguintes palavras a uma patroa que a imagina enraizada numa região: "Envio lembranças de uma Paris ensolarada". Já a vejo jogando com desprezo o cartãozinho numa cesta de lixo, ou dizendo: "Só faltava essa!". Já vejo a minha amiga velhinha perto do rio Durance ajeitando os óculos e chamando os amigos, o rosto radiante, os olhos azuis turvos de lembranças, sacudindo o meu cartão retangular e exclamando: "Minha negra pensa em mim! Ela virá me visitar antes do inverno". Já vejo Angèle irradiando emoção no asilo dos velhos, lendo e, de vez em quando, esfregando as mãos: "A martinicana vai me trazer um suvenir".

Para escrever, voltei ao local em que tínhamos almoçado; as minhas crianças que também sabiam escrever se regozijavam. Os dois mais novos tinham recomeçado a brincar de pega-pega: assim, tive um tempinho de sossego, pois se esqueceram de me encher de perguntas começando com "por quê".

Isso não durou muito: o mais novo acabou com a minha paz ao gritar de alegria:

"Nossa! Mãe! Um padre preto! Preto como nós!"

De fato, meus olhos caíram sobre um padre alto e negro que andava de um lado para outro, não muito longe do nosso grupo, lendo um breviário. Por que seria diferente? As palavras de Jean-Pierre atraíram sua atenção. Visivelmente surpreso, ele avançou na nossa direção. Os meninos logo o cercaram: "Bom dia, padre!"

Seu espanto era igual ao meu, guardei a minha caneta e respondi à sua saudação.

"Bom dia, padre! O senhor veio em uma peregrinação?"

"Não", respondeu ele, "estou fazendo um estágio aqui, sou da África Negra!"

"De Dakar, padre? Eu conheço! Do Daomé ou da Costa do Marfim? São países incríveis!"

Enumerei os nomes dos países outrora sob o controle francês, naturalmente esquecendo que o continente africano era imenso.

O padre respondeu:

"Não, venho do Congo Belga!"

As crianças não se continham de alegria: pela primeira vez na vida, viam um padre negro, podiam conversar com ele, poderiam no futuro contar aos amigos em Marselha:

"Tem até um padre negro em Montmartre!"

Não para se gabar, já que era verdade, seria só algo mais a acrescentar à lista de coisas que teriam visto, a Torre Eiffel, os Grands Boulevards, o metrô e os pães chamados "parisienses". Além disso, observavam o padre com muito mais interesse do que tiveram ao examinar a basílica, havia agora orgulho nos seus olhos, curiosidade, tinham parado de correr, não escreviam mais, ficavam em volta daquele homem como se fosse o ser mais extraordinário que já tinham conhecido. Fiquei feliz, pedi ao padre que me falasse sobre a Igreja congolesa no meio da revolução que está ocorrendo no país. Ele era testemunha do fim de uma era... e que era! Ele respondeu:

"A Igreja sofreu com os eventos, mas a população acredita piamente, ansiamos pela paz... estamos esperando..."

Então ele perguntou sobre mim, meus filhos. Eram do mesmo pai? Tinham tons de pele tão variados! Fiquei surpresa com a pergunta, mas respondi:

"Sim, padre! É o mesmo pai! É assim nas Antilhas! As crianças escolhem os tons sem o consentimento dos pais, a mistura de raças talvez seja mais frequente que no Congo Belga!"

Em seguida o padre perguntou se eu já tinha feito a visita completa da basílica, respondi que sim. Então o religioso acrescentou:

"A senhora não irá embora sem mostrar a seus filhos a famosa Place du Tertre: se quiser, eu a acompanho, vou me preparar, volto em um minuto." Amiga Carolina, sentia um orgulho incomparável toda vez que conhecia um homem da minha raça no sacerdócio, fiquei honrada pela sua proposta e tomei cuidado para não recusar. Pensei que ele iria avisar o secretariado de que se ausentaria por alguns instantes. Eu estava errada: preparar-se era colocar a batina num armário, pois em cinco minutos ele voltou vestido com um terno escuro de belo corte! Ele tinha a desenvoltura e a envergadura de Sugar Ray.* Isso me deixou um pouco incomodada. Não ousei mais chamar aquele belo homem em trajes civis de "padre". Meu entusiasmo caiu por terra. Dizia então:

"Olha quem chegou, o senhor pároco!"

Os meus filhos, que sempre perguntam o porquê das coisas, disseram:

"Mãe, por que o padre está fantasiado?"

Eu não sabia por quê, mas não gostei nada daquilo. Caminhamos por um pequeno caminho que ligava a basílica à Place du Tertre. Os vendedores de quadros nos observavam passar

---

* Sugar Ray Robinson (1921-89), pugilista norte-americano, campeão mundial peso meio-médio de boxe entre 1946 e 1951.

com ar de indiferença. Eles não se preocupavam em atrair os clientes, gravações sonoras ligadas a alto-falantes habilmente camufladas chamavam a atenção dos transeuntes. O padre apontou, com razão, que essa publicidade de vanguarda estava em contradição com o cenário antiquado dos lugares que visitávamos. As crianças, que nunca haviam visto tantas pinturas e pintores, passavam tagarelando de uma imagem a outra. Achei que fora uma boa ideia do senhor pároco nos levar para lá. Enfim as crianças estavam diante de algo realmente novo, não me falavam mais do Vieux Port de Marselha. Como bônus, tive ainda sobre o que conversar com o padre para dissipar o desconforto que pairava depois que ele se apresentou à paisana.

No caminho, as pessoas se viravam, eram uma legião inteira, de todas as raças e todas as línguas.

Um grupo de turistas parou, e logo eu ouvi:

"Olha só, um pastor negro, e com filhos!"

Percebi que o senhor pároco usava um colarinho à maneira protestante e, erguendo a cabeça em sua direção, notei também seus olhos observando com um interesse mais do que singelo os peixinhos que Solange havia desenhado no meu rosto. Fiquei sem jeito, e procurei na mala de mão o par de óculos escuros que eu havia enfiado ali. Com os olhos protegidos, entrei no meio da multidão ao redor da praça. Após pegar na mão do caçula, o padre conseguiu estragar tudo sussurrando para mim com uma voz confiante:

"Dá para pensar que são meus filhos! Em breve teremos o direito de nos casar!"

Eu me fiz de surda, encontrei uma maneira de passar à frente dele para ajeitar as fivelas das sandálias da minha filha, que, no entanto, não estavam soltas. Uma ducha de água fria me arrefeceu de vez quando uma das mãos bem cuidadas do homem de Deus roçou o meu braço nu. Depois dos olhos, agora escondi os braços embaixo do colete de náilon que antes havia tirado, estava tão quente! Porém, corri para abotoar a camisa até a gola, sem remorso. O homem, que tinha voltado a ser o boxeador na minha cabeça, expressou seu ponto de vista sobre a tolerância carnal em certas ordens religiosas.

Aquilo não só me incomodou, como atentou contra todas as tradições sólidas que foram inculcadas em mim desde pequena. Respondi que, no dia em que os católicos descobrissem, num catecismo, que se tolera esse comportamento dos padres, seria o fim da sua fé, e eu seria a primeira a ficar desesperada. Para mim, um padre é um sacrifício vivo, ele não deve burlar as regras, especialmente em pensamento. Ou se é padre, ou não.

O homem de Deus me disse para falar mais baixo, as pessoas podiam ouvir o que estava dizendo. Eu tinha me refugiado no meio de um grupo que admirava um artista reproduzindo o perfil de pessoas com uma tesoura e um papel preto.

Fiquei irritada com aquilo e disse que os homens que servem à minha Igreja não deveriam falar nada que não fosse possível de ser dito em voz alta a todo mundo.

Minha pobre Carolina, que vespeiro! Imagine que meu Sugar Ray não perdeu a pose nem por um segundo, ele ofereceu doces às crianças, me falou sobre o Moulin de la Galette e Montmartre à noite.

Perguntei o nome dos sinos de Montmartre e qual era a igreja que estava a cinquenta passos de nós. Ele não respondia nada, mas devorava com os olhos o penteado andaluz que Solange havia plantado na minha cabeça. Levantei a trança e escondi a cabeça com um lenço que tinha tirado de novo da minha bolsa... Assim, toda coberta, eu estava com calor, muito calor, mas não tinha importância. Nada em mim deveria encorajar a surpreendente atitude do padre em quem antes eu tinha confiado.

Minha filhinha estava plantada em frente ao cavalete do artista, ele recortava em segundos uma cabeça no papel bem parecida com a dela, enquanto os quatro meninos me empurravam:

"Mãe, também queremos as nossas cabeças!"

Bom, pensei, cinquenta francos por peça! É acessível. Um segundo depois, o homem que recortava o papel com destreza se virou para mim e me apresentou os perfis saídos de suas mãos ágeis:

"Não é parecido? São só dois mil e quinhentos francos!" Engasguei na hora, não ousava recusar o trabalho encomendado por mim, mas entre duzentos e cinquenta francos e dois mil e quinhentos havia uma grande diferença! Fuçava ansiosamente minha carteira tentando reunir a quantia solicitada pelo comerciante, enquanto os turistas sorridentes observavam as crianças pularem de alegria com seus pedaços de papel. Como eu podia ter me enganado a tal ponto? Na verdade, olhei mais de perto a plaquinha onde se lia que a obra custava cinco francos. Era um preço tranquilizador para aqueles que, como eu, nunca conseguiam fazer corretamente as contas em novos francos, mas garanto que vez por outra descambava em drama.

Eu tinha ainda mil e quinhentos francos para o dia. Havia comprado círios, cartões-postais, colocado dinheiro em todas as caixas de doação da basílica, pensava que, pela primeira vez, poderia economizar o dinheiro destinado ao meu dia de turista amadora e me vi confrontada com uma realidade cruel. Eu tinha que pedir às crianças que esvaziassem suas carteiras para juntar o valor dos nacos de papel preto. O homem de Deus entendeu o imbróglio e se ofereceu de bom grado para pagar a conta. Desconfiei e recusei sem remorso. Disse ao artista que havia me enganado sobre o preço, que ficasse com dois dos pedaços de papel. Dei o que tinha no bolso e devolvi os desenhos pelos quais não podia pagar. O padre os pegou e pagou, oferecendo-os aos meninos, que ficaram felizes por não serem privados daquelas lembranças um pouco caras demais para nós.

O padre parecia mais razoável, jogava conversa fora com as crianças, era como se tivesse esquecido a minha presença;

fiquei aliviada, mas pensei que era hora de fugir dali, minha filha já estava fazendo pose na frente de um artista que pintava bustos coloridos em poucos minutos. Prometi uns bons tapas na modelo demasiadamente dócil caso ela não desse o fora na mesma hora. O religioso me mostrou a agência centenária dos correios no topo do morro e começou a falar sobre tudo, exceto sobre religião. Ele voltou a ficar muito descontraído, eu tinha que fazer algo por ele, por minha fé abalada por sua linguagem de homem comum. Meu menino que ainda brincava de pega-pega se apegara ao homem, segurava a mão dele como se fosse a de um amigo, enquanto o padre recomeçava a me fitar avidamente. Era preciso dar cabo daquilo. Tirei alguns cartões da cesta de compras e disse às crianças que pretendia passar pelos correios para enviá-los. O homem de Deus entendeu que eu queria me livrar da sua presença. Ele não se deu por vencido e de pronto revelou que também precisava comprar selos. Ele não largava o Jean-Pierre. Enquanto o padre entrava na agência dos correios, eu disse em patoá ao meu menino:

"Largue a mão do senhor pároco! Venha ver este artista aqui!" O padre tinha ido para a fila comprar selos. Jean-Pierre o soltou e veio para o meu lado. Disse às crianças:

"Vamos rápido, está ficando tarde, já são dezesseis horas! O senhor pároco precisa fazer as vésperas, agora ele vai ter que partir para se vestir adequadamente, não teremos tempo para assistir à liturgia, vocês estão acabados!"

Peguei correndo o caminho de volta, contornando a Place du Tertre: levava meus filhos ao Moulin de la Galette. Parei um pouco para despir meus braços que ferviam embaixo do colete de fibra sintética, tirei o lenço de seda e os óculos de sol, enxuguei a testa, que mais parecia um riacho: os peixinhos de Solange, completamente umedecidos, não estavam mais em forma, e eu estava irritada, humilhada naquilo que era mais caro para mim, minha fé e minha raça. Por que Solange quis fazer aquele visual a tal ponto mentiroso que até um padre caiu na armadilha? Eu tentava culpar Solange, isso me deixava mais calma. As crianças olharam atentamente para trás e um deles gritou:

"Mãe, o padre está lá, ele está nos procurando, olha, mãe! Por que não vamos dar um tchau para ele?"

De fato, de onde estava, no alto da Rue Lepic, vi a estatura avantajada daquele negro elegante, ele andava para lá e para cá na multidão quando de repente olhou em direção ao Moulin e viu nosso grupo. As crianças levantaram os braços, esbocei um movimento para batermos em retirada, foi a minha salvação: a sua dignidade, que ele nunca deveria ter deixado de lado, talvez tenha voltado com tudo, ele ergueu os grandes braços e fez um aceno de despedida, não nos seguiu mais. Fiquei contente, estava livre. Quem sabe, pensei, ele tivesse retomado o seu breviário. A imagem do padre lendo as palavras de sabedoria d'Aquele a quem deveria servir me deixou reconfortada; ao me salvar, falando com ele rispidamente, tive a impressão de tê-lo salvado dele mesmo. Mas salvar-se de si próprio é uma batalha árdua, a qual só se pode lutar dentro de si mesmo.

Não podia explicar isso para meu filho, que caminhava a contragosto, ainda assim respondi:

"Não temos como voltar para lhe dar tchau! Devemos deixá-lo em paz, ele me disse que está com dor de cabeça por causa do sol!"

Os vendedores ambulantes de frutas e legumes haviam evacuado a Rue Lepic. Aqui e ali, pombos deixavam os telhados cinza e vinham à calçada procurar comida. Uma vendedora de ameixas estava na frente de uma carrocinha. Correndo, as crianças desceram a rua e pararam em frente à minguada barraca de frutas cor de vinho que tinham ficado grudadas com o calor. Eles vasculharam suas moedas e compraram um estoque de ameixas:

"Finalmente", observaram, "uma coisa que não custa mais que em Marselha!"

Meu menino que sempre brinca de pega-pega, o mais sentimental da trupe, virava e revirava o pedaço de papel recortado que guardava em um saquinho de plástico:

"O padre negro era gentil! Pena que ele não veio com a gente!" Nunca mais o veremos, ele nunca virá. Enquanto eu dizia isso, o metrô da praça Blanche estava à nossa espera. Entramos às pressas! Ali, ao menos, a ruptura com Montmartre se tornou definitiva.

No vagão em que nos sentamos, uma garota negra extremamente triste observava as crianças se mexerem. Fiquei muito impressionada com a expressão de abatimento que os negros têm em Paris, mesmo no verão, quando há um sol que nunca deveria deixá-los com saudade.

Fiz uma parada no Quai de la Rapée, onde mora Yolande, em frente ao Sena. Já fazia um ano que ela era uma parisiense e que se gabava da nova vida para mim. Ela se atrevia a pegar o ônibus e já tinha visitado o Palácio de Versalhes. Procurei o corredor que levaria ao seu apartamento, vi apenas um pequeno bistrô, dentro do qual havia um cliente de boina com cotovelos sobre o balcão.

"Srta. Yolande!", perguntei à mulher que estava servindo.

Meus filhos, intrigados, aguardavam.

"Srta. Yolande? Segundo andar, à esquerda. A entrada é por aqui." Compreendi que, para entrar no apartamento, era obrigatório passar pelo bistrô. Apertei o interruptor em vão. Às cegas, procurei os degraus: na escada sinuosa, nossos pés batiam contra ladrilhos soltos que deveriam protegê-los. Por fim, entendi que estávamos no segundo andar, mas, sem distinguir entre esquerda e direita, bati na primeira porta que apareceu. Uma senhora já de certa idade informou:

"As antilhanas? Dois apartamentos para lá." Imediatamente depois fechou a porta na minha cara, e eu me encontrei outra vez no escuro. Gritei:

"Srta. Yolande! Srta. Yolande!"

Entreabriu-se uma porta. Uma garota que eu não conhecia me disse para entrar. Depois que estávamos todos dentro, a sala ficou lotada tal como a Place de l'Étoile no Catorze de Julho. A garota olhou para nós com espanto:

"Estou à procura de Yolande, venho de Marselha, gostaria de vê-la antes de partir." A garota queria nos dizer para sentarmos, mas ela só tinha duas cadeiras, eu via o seu constrangimento. Soube que Yolande tinha dois dias de folga, que ela partira para Le Havre no fim de semana da Assunção. Soube também que eram três a compartilhar o cubículo e que, sempre que possível, uma delas ia embora. Fiquei admirada que as visitas tinham que passar pelo bistrô, a garota me disse que era assim e que muitas vezes o proprietário, dependendo do seu estado de espírito, dizia que uma das inquilinas estava ausente, apesar de não ser verdade. Ela concluiu, dizendo:

"Não se pode ter tudo, trabalho e moradia. Mas um dia a gente chega lá, tenho dinheiro suficiente para pagar as luvas, me prometeram um quarto no Faubourg Saint-Antoine, apenas cento e cinquenta mil francos, depois terei apenas nove mil de aluguel por mês." Para ela, era uma dinheirama. Eu disse que era ótimo e fui em direção às escadas com as crianças. Dessa vez, a garota iluminaria nossos passos com uma lanterna. Eram dezessete horas. A essa altura, o Quai de la Rapée já estava deserto. Caminhamos até chegar perto da Gare de Lyon, tinha que comprar as passagens para o retorno.

Pois é, Carolina, a hora de partir havia chegado, só me restava colocar meu manuscrito e minhas ilusões na mala, retornar para a minha saudosa Marselha e curtir o fim das férias ou recomeçar o trabalho. Desde já tenho que pensar na volta às aulas.

Hoje à noite, enquanto lhe escrevo, as crianças, mortas de cansaço, mas felizes, estão dormindo, e Solange voltou da rua: é uma hora da manhã. Ela se livrou dos sapatos de salto alto e me disse:

"Então, e a maquiagem, minha querida? Fisgou alguém?"

"Sim", respondi, "um padre congolês." Solange esqueceu que estava cansada e não pôde segurar a gargalhada, que, de tão forte, acordou as crianças. Sua alegria me contagiou e, enquanto ela me ajudava a arrumar as malas, esqueci a tristeza que tomara conta de mim no final daquele dia memorável.

A viagem que preparara por tanto tempo tinha chegado ao fim, minhas férias estavam terminando, só me restava a alegria dos filhos e, no fundo da sacola de compras, minhas folhas intactas que agora eu levava de volta para o ponto de partida.

Como o retorno está marcado para amanhã, vou descansar um pouco e esquecer que o mundo é estranho.

Solange, do quarto, meio adormecida, continuava falando comigo:

"Sabe, não é para desencorajar você, mas não é bom fazer projetos para as coisas que você escreve ou para o que planeja escrever! Melhor um bom emprego que lhe renda uma grana! Agora, ninguém a conhece, você só vai gastar dinheiro! O que você acha: e se nós duas fôssemos proprietárias de um pequeno restaurante? Eu entraria com a grana e você me ajudaria! As pessoas comem todos os dias. Prepararemos linguiças merguez para os *pieds-noirs*, rolinhos frescos para os vietnamitas e caldo de peixe para os antilhanos! Seria demais! Mas não é a mesma coisa com os escritos, você sabe! Não lemos todos os dias, não compramos livros o tempo todo! E são necessárias noites em claro para escrever um! Enquanto que o rango! Todo mundo tem que comer! Não fique presa no seu sonho." Ela bocejava, e o resto do seu discurso se perdeu na escuridão.

Essas duras verdades me fizeram um bem imenso e, Carolina, nesta noite, estou convencida de que Solange está certa.

16

16 de agosto

Anteontem, meu marido estava me esperando na estação, as crianças monopolizaram a sua atenção para contar desordenadamente tudo o que se passara: os Grands Boulevards, o padre negro e o mistral que ultrapassamos no caminho. Durante o dia inteiro de ontem evitei falar da minha busca por editores. Mesmo assim, ele perguntou durante o almoço: "Então, minha escritora, tudo bem? Fui dar uma volta em Cannes com uns amigos, vi todo mundo dos livros e do cinema se bronzeando nas praias! Melhor seria ter passado pela Riviera para encontrar um editor!"

"Pois é, sabe como é, tudo está fechado em Paris nessa época do ano!" Eu estava quase contente de que todas as editoras estivessem fechadas. Assim, não precisaria lhe dizer que meu texto havia sido recusado e ouvir na sequência o seu comentário: "Olha só, eu estava certo!"

Verdade! Ele está certo, Carolina! Solange está certa! Mas agora que essa ideia entrou na minha cabeça, não tenho como me livrar dela! Quando sacudo a poeira dos tapetes das patroas, até consigo esquecer, mas logo depois me vejo procurando um caderno velho para encher de palavras. Mas hoje, nem tem como: a máquina de lavar está abarrotada de roupa suja, meu marido admitiu que não sabe usá-la! Os armários precisam de uma arrumação colossal, tem poeira acumulada em todos os cantos. As batatas que havia deixado num caixote começaram a brotar e as paredes da geladeira estão cobertas de gelo. Sair de férias é muito cansativo e retomar o curso normal da vida também é. O sol continua escaldante e as cigarras cantam feito loucas!

Na realidade, queria descobrir por que ele foi para Cannes, pensava que ele não saberia o que fazer longe da sua tribo. Preciso achar um jeito de ele desembuchar, mas antes tem um monte de coisas a serem feitas em casa! E ainda tem as crianças num agito só, já se coçando para ir à praia. Com o bolso vazio depois de Paris, será preciso esperar o final do mês para que nos aproximemos da mais ínfima enseada.

18 de agosto

Um sujeito estranho veio aqui em casa procurar o meu marido, ele estava de calças de lona branca e uma camisa rosa! Soube que ele era de Guadalupe e que acabara de chegar a Marselha, não quis me dar mais satisfações, esperou duas horas do lado de fora, pois não fui capaz de convencê-lo a entrar e se sentar. As crianças, tão intrigadas quanto eu, ficavam à sua volta, o que o deixava incrivelmente desconfortável.

Por fim, o vi partir a passos largos, ele tinha notado o meu marido ao longe e não teve paciência para esperar mais. O meu marido literalmente o empurrou para dentro de casa. Cabisbaixo, o jovem não tirava os olhos das sandálias de couro que calçava. Eu disse:

"Mas o que que ele tem?"

Meu marido, sarcástico, respondeu:

"É um imigrante clandestino que encontramos em Cannes."

"'Nós' quem?"

Compreendi o porquê do ar misterioso do meu marido desde que retornei quando ouvi:

"Pois é! Lembra, eu disse que estava em Cannes. Era para desembarcar uma família martinicana que estava chegando: a mulher de um carteiro e quatro filhos, a mulher do camarada que me trouxe..."

"E aí?"

"E aí é que este rapaz veio clandestinamente no *Irpina*! Eu estava no cais quando o vi com um grupo de militares que também tinham saído do navio, um deles nos informou sobre a situação do garoto. Não era brincadeira, a polícia e os funcionários da alfândega conferiam os passaportes a cem metros de onde estávamos. Os soldados disseram a mim e a meus colegas que, durante a viagem, de gozação, deram comida e roupas ao rapaz. Tinham mesmo o ajudado a descer até o barco de desembarque. Agora que estavam na França, se deram conta de que o passatempo já havia durado tempo demais. O clandestino se aproximou e pediu para atravessar o cais conosco. Ele pegou pela mão um dos filhos do meu camarada e, sem pressa, foi em direção ao ancoradouro. Eu disse que, se ele pudesse se safar, melhor, mas que não era para nos causar problemas. Ralhei duro com ele, as pessoas observavam, ainda bem que eu falava em patoá. Como você pode imaginar, estávamos lá desde as oito da manhã, os funcionários da alfândega já haviam nos visto, o pessoal da polícia provavelmente já tinha notado quem estava à espera dos passageiros. Pensei que ele, com aquela camisa rosa, não iria muito longe. Meu camarada tirara o colete cinza, estava muito quente, o *Irpina* tinha chegado lá pelas onze horas..."

"E aí, pai? O que aconteceu depois?"

As crianças se aproximaram, observavam o jovem que encarava sem trégua as sandálias. Tinha lhe trazido uma xícara de café e uma fatia de pão, ele comia sem nos olhar. Certamente estava rememorando a cena, um filete de suor escorrendo na testa. Um passageiro clandestino! Os meninos não podiam acreditar no que ouviam! Um herói de romance de aventura em carne e osso, e na casa deles. Senti que queriam enchê-lo de perguntas, seria uma indiscrição, talvez mesmo um calvário para o rapaz. Mandei a criançada embora, meu marido continuou:

"Um soldado que já havia passado pela alfândega gritou: 'Senhor! Senhor! Empreste o seu colete para esse doce de pessoa, caso contrário ele vai direto para a delegacia de polícia'. O meu colega passou o colete para ele, não precisou insistir, o garoto o vestiu na hora e fez o sinal da cruz..."

Agora entendia por que aquele jovem de camisa rosa estava sem jeito, ele estava emocionado, tinha largado o copo e estava pronto para desabafar, levantou o rosto e disse:

"Eu estava resignado, o mais difícil era sair do ancoradouro, as crianças da moça estavam perto de mim, peguei uma nos meus braços e, ao passar perto dos policiais, falei: 'Então, você não ficou enjoada com a viagem?'. À distância, os soldados me observaram atravessar a cancela, os pais da criança que eu carregava estavam com os funcionários da alfândega, que marcavam as malas já examinadas, deixei o garoto e fui para a calçada, não sabia para onde ir. Perguntei ao seu marido o caminho para Fréjus. Eu tenho, ou melhor, tinha um irmão em Camp Robert. Os militares me levaram para fazer um lanche perto da estação de Cannes, e seu marido me deu uma passagem de trem para Fréjus, foi gentileza dele me deixar o endereço de onde morava dizendo para aparecer um dia."

Pensando que o dia tinha chegado rápido, perguntei:

"E o seu irmão?"

O rapaz pegou um pedaço de papel do bolso e continuou:

"Ele está em Bourges. Foi o que me disseram quando cheguei a Camp Robert. Bourges é longe daqui?"

Ele era uma incógnita. Eu queria saber por que ele se atreveu a sair ilegalmente, sem uma passagem, sem malas, talvez sem nenhum projeto...

Ele respondeu:

"Eu queria ser militar, mas não tinha vaga para antilhanos,* então não podia sair de lá. A fábrica onde trabalhava reduziu a equipe, solicitei a ida para um centro de aprendizagem acelerado, mas fui reprovado nos exames; me disseram que na França era menos difícil passar. Por isso, vim tentar a minha sorte aqui!"

"Que sorte! Mas o moço não percebe as dificuldades que vai ter para se adaptar, não tem dinheiro, e Bourges não é ali na esquina! E mesmo que fosse aqui perto, acha que o seu irmão poderia, sem estar ciente da sua chegada, de uma hora para outra, fazer algo para ajudá-lo?"

Minha amiga Carolina, quando estamos na lama, só as necessidades mais urgentes importam: a perspectiva de uma vida cor-de-rosa não é suficiente para amenizar quando necessitamos urgentemente de ajuda.

Meu marido tinha me encontrado na cozinha, ele não sabia o que me dizer: eu estava mais incomodada do que zangada, e ele falou, coçando a cabeça:

"Que história! Nunca pensei que fosse vê-lo de novo, e ele veio: o que vamos fazer?"

"Vamos dar uma camisa limpa e também uma calça, a dele provavelmente era branca antes, mas agora... Vamos dar comida para ele e, enquanto ele come, você pensa numa solução!"

Meu marido parecia contente, eu tinha dado o braço a torcer.

Em Fréjus, os militares deram um endereço no Harlem. Depois de comer, ele quis ir para lá. Era o lugar mais propício para uma batida policial, todos os maus elementos de Marselha estão

---

* No original, *congé budgétaire*, situação na qual se encontravam antilhanos aspirantes à carreira militar que, por falta de vagas na França continental, não eram chamados.

lá, de um lado a outro. O clandestino parecia ignorar isso, tinha um documento de identidade, mas não um comprovante de residência, supostamente mora na Rue Frébault em Pointe--à-Pitre. Eu não podia adotá-lo, a minha família e o meu fim de mês zerado já eram demais! Mas também não podia, sem ficar com a consciência pesada, deixá-lo ir ao Harlem: ele não tinha cara de malandro.

Enquanto pensava no que fazer, eu o vi saindo do banheiro, para onde meu marido o tinha levado, bem barbeado e bem penteado. Ele parecia um pouco mais confiante do que antes.

"A senhora é como a minha mãe, Deus lhe devolverá em dobro!"

A mãe dele! Hum! Hum! Deus tinha inspirado o meu marido, mas eu continuava contrariada! Meu marido sabia o que se passava na minha cabeça e me disse na frente do garoto:

"Vou procurar o endereço de um abrigo noturno, vou levá--lo para a cidade e depois vemos no que dá..."

O rapaz me agradeceu de novo e pulou para a garupa da mobilete do meu marido. Uma das crianças que aguardava na janela gritou:

"Pronto, o clandestino do pai se foi!"

Esperei meu marido voltar tarde da noite, ele encontrou um abrigo para o garoto de camisa rosa. Só dá para ficar lá de noite, de manhã cedo ele tem que sair para se inscrever na Agência Pública de Mão de Obra. Soltei um suspiro de alívio ao saber que o sujeito tinha onde pernoitar. Todo dia a Divina Providência alimenta os pássaros, torço sinceramente para que esse rapaz não seja esquecido por ela.

18 de agosto de 63

Cécile está grávida, ela escreve e conta como se sente feliz por estar à espera de um filho, pois será um filho, ela tem certeza.

Também quer saber se encontrei uma editora. Essa história começa a me incomodar. Adoraria esquecer isso, de uma vez por todas, mas o que não consigo esquecer é que terei que pensar na volta às aulas e quanto isso vai me custar. Já estou cogitando encontrar um emprego, pois gostaria que as crianças tivessem os famosos aventais de náilon que tanto cobiçam.

20 de agosto

O rapaz clandestino voltou de tarde pedindo um comprovante de residência para se inscrever na agência. Ainda nos implorou que fizéssemos uma carta de recomendação, para poder entrar num centro de aprendizagem intensiva, e nem precisou pedir duas vezes, ficamos muito felizes em identificar nele boas intenções. O garoto também escreveu ao irmão: ele acha difícil dormir no abrigo noturno, é pior que no barco. Parece que dois hóspedes do estabelecimento brigaram bem ao lado da sua cama, a polícia teve que vir e restabelecer a ordem. Ele está aprendendo tudo na marra e já sente saudades de onde veio. Percorreu a pé os dez quilômetros que nos separam da cidade, ele não tem mais dinheiro. E, mesmo que tivesse, admitiu que não sabia como usar as passagens de ônibus. Evidentemente ele não pegou o caminho mais curto. Durante o trajeto, perguntava às pessoas "O ônibus 9 passa por aqui?", e ia refazendo o zigue-zague do 9. Disse que está começando a se acostumar: na primeira vez, também tinha vindo a pé. Eu não sabia desse detalhe, o que me chamou a atenção no rapaz, ele poderia ter chegado a Marselha e afundado no submundo, mas não, preferira seguir um ônibus até o fim da linha, onde uma família parecida com a dele podia lhe dar alguns conselhos. Quando nos contou o que fizera, viu em nosso sorriso que havia se tornado um de nós. Então, velha amiga Carolina, fiz o que gostaria que alguém fizesse um dia para um dos meus filhos, ofereci-me para acompanhá-lo amanhã até a agência. Meu marido só poderia levá-lo lá daqui a uma semana, ele tem que ganhar o nosso pão de cada dia. Não sei se o garoto se atreveria a tentar ir sozinho; suspeito que ele poderia passar pelo local sem jamais ter coragem de entrar, por timidez ou por medo. Trata-se do seu primeiro contato direto com europeus. Havia, é claro, muitos policiais em Guadalupe, mas com eles não tem como ter algum tipo de relação amigável, mesmo que sejam vizinhos de porta. Havia também dois padres brancos no seu bairro, mas ele acredita que são canadenses. Conta ainda que, lá de onde veio, o europeu do pós-guerra virou alguém muito problemático, um pouco racista e arrogante. Os que vinham para a colônia antes da enxurrada de 39 eram mais compreensivos e até protetores. Quando não se sente observado, o rapaz fala solto; acima de tudo, tomo cuidado para não o questionar; se o faço, ele olha para os pés e fecha a boca; entro e saio de um cômodo para outro enquanto ele fala, o que o deixa mais à vontade. Expliquei que felizmente, na França, um funcionário de agência é um funcionário de agência, um pouco lamuriento em Marselha, é verdade, mas, de qualquer forma, não é "o europeu do guichê" de onde viemos, que se acha descendente direto do Olimpo. Ele ainda não se permite acreditar nas minhas palavras. Decidi então levá-lo amanhã.

22 de agosto de 1963

Quando cheguei em casa ao meio-dia, meu caçula me disse de modo triunfante que o moço da luz tinha passado e que ele lhe explicara que a mãe tinha ido se encontrar com o clandestino do pai. Tive que proibi-lo de usar esse termo, pois o garoto não é mais clandestino, ou só o é na cabeça dele. Consegui um emprego de estoquista para ele numa fábrica de água com gás. É a época em que todo mundo fica com sede, e mais funcionários são requisitados nos estabelecimentos onde se engarrafam bebidas refrescantes.

Entramos na agência de manhã bem cedo. O rapaz seguiu direitinho minhas instruções e ficou me esperando lá no terminal do meu ônibus. Na mesma hora notei que era ele por causa da camisa rosa. Ao longo do caminho que nos levava à casa da esperança, tentei em vão deixá-lo mais confiante. Ele continuava olhando para os próprios pés. Disse-lhe que era preciso relaxar, pois, apesar do seu tamanho, seria difícil que alguém o contratasse com aquele ar triste.

Não deu certo. Depois de ficarmos um bom tempo na fila, finalmente tinha chegado a nossa vez de entrar na agência. Apesar da amabilidade do funcionário, o garoto de rosa não conseguiu pronunciar uma sílaba sequer. Logo tomei conta da situação, explicando que ele havia acabado de chegar, que desconhecia as formalidades para se inscrever nas agências. Mas não podia dizer que ele tinha medo dos europeus e que esperava ser tratado de cima para baixo como nas Antilhas.

Mais do que tudo, pedi ao funcionário para achar uma solução rápida para o rapaz. O moço do guichê foi ótimo! Ele coçou a orelha, olhou os registros por um momento e, no final, disse:

"Olha só, eu tenho algo aqui. Vá a essa fábrica com este papel, estão procurando gente lá! No verão, é possível trabalhar até doze horas por dia."

As mãos do garoto de rosa tremiam, ele lia e relia o retângulo de papel que o funcionário lhe dera. Sem dizer uma palavra, estendeu-lhe a mão grande. O funcionário, que já tinha visto de tudo, simplesmente disse:

"Boa sorte! Se não der certo, venha me ver de novo!"

A minha missão não tinha acabado, subi as escadas que levam ao setor de orientação profissional. Curiosamente, e sobretudo para a sorte do meu protegido, todas as pessoas com quem lidei naquela manhã eram encantadoras.

Um negro havia nos precedido, o que me permitiu dizer ao rapaz:

"Veja, nós não somos os únicos!"

A mulher sorridente que nos recebeu tinha um rosto amável, o que não impediu o meu garoto de olhar para os pés. Eu começava a me acostumar com aquilo; expliquei o desejo do rapaz de se inscrever em um centro de aprendizagem, onde ele poderia morar. Sem pestanejar, a funcionária lhe disse:

"A seleção será realizada em setembro, dá para chegar na hora, não terá que esperar muito tempo, o estágio começará logo depois, não sei aonde vão levar o senhor, preencha este formulário!" Para meu espanto, notei que a caligrafia dele era bonita e soube que já tinha carteira de motorista.

A cara dele iluminou-se com um sorriso feliz quando lhe disse que íamos imediatamente para a fábrica. Mudamos de ônibus e de bairro outra vez.

Apresentei o documento que meu protegido tinha me dado ao setor de recrutamento, eu o sentia febril e ansioso. Fazia tempo que o expediente tinha começado, mas aquela era a manhã do seu dia de sorte, pois era precisamente o chefe do setor quem estava arquivando os registros dos recém-chegados. Digo-lhe que vivemos bem longe da cidade e que "meu jovem irmão" tinha acabado de chegar, que era o seu primeiro emprego na França. O chefe tirou os óculos, parecia interessado, deu ordens a uma secretária:

"Passe-lhe um formulário, ele começa agora mesmo! Ele bate o ponto de tarde. O senhor só fará duas horas nesta manhã! Tudo bem assim?"

O rapaz balbuciou algumas palavras, seguindo o chefe na sequência, e as portas móveis de um imenso armazém barulhento se fecharam atrás dele.

Claro que não foi hoje que minha família almoçou um bom cozido. Fiz uma massa para poupar tempo, e os bifes ficaram um pouco malpassados demais. À mesa, ninguém fez careta, ficamos todos muito ocupados falando do garoto de rosa e, ao final da refeição a jato, estávamos alegres como se tivéssemos ganhado na loteria. A consciência é algo danado, Carolina! Hoje a minha me faz refletir, tenho quase vergonha de me sentir tão leve, embora minha carteira esteja vazia. Digo: "Meu Deus, que isto seja alegria, e não orgulho, caso contrário meu ato não faria sentido". Quanto ao meu marido, sei que ele sente o mesmo que eu, pois nem sequer me disse: "Uma massa, neste calor!".

30 de agosto

O irmão do rapaz veio de Bourges, conseguiu uma licença, foi direto lá em casa. Eles são incrivelmente semelhantes, mas ele não parecia orgulhoso ao falar do caçula. Tranquilizei-o quanto ao comportamento do rapaz e acrescentei que o "nosso clandestino" tinha trabalhado duro. Ao que parece, está fazendo jornadas de catorze horas, enviou-nos uma carta, que mostrei ao militar. Ele ficou mais sossegado, mas ainda murmurava:

"Se ele tivesse sido pego na chegada e jogado na prisão, minha mãe teria morrido; além do mais, ela está doente desde que ele partiu, ela viu o jeito como ele foi embora, só com a roupa do corpo. Ela está enviando a mala dele para o seu endereço." O garoto, que largara o rosa de mão, pediu em sua carta que o ajudássemos a encontrar um quarto, ele chega tarde demais ao abrigo para poder entrar à noite, então combinou com um vigia noturno de compartilhar a guarida; mas é temporário, essas coisas são proibidas pela administração. Ele acrescenta:

"Eu estava errado, nem todos os europeus são inacessíveis, eu não sei por que, de onde eu vim, eles são assim..."

Ainda bem! E que essa euforia dure bastante!

4 de setembro de 1963

Fazia alguns dias que eu estava tranquila, mente vazia, ainda hão de surgir as preocupações com a chegada do inverno e a volta às aulas. Ontem mesmo eu estava tomando banho... de petróleo! Havia tanta gente torrando no sol que tive de esperar anoitecer para colocar um maiô. Quando entrei naquela substância cinzenta que era o motivo da alegria de tantos veranistas, já estava frio, apesar do sol incansável que continuava a queimar os fanáticos pelo bronzeamento. Uns minutos depois, a duras penas, me sentei num rochedo recém-desocupado por um casal. Percebi que estava toda pegajosa e imediatamente compreendi por que os banhistas não foram nadar ali. Consequência de uma maldição que ainda desconheço, havia uma onda que retinha uma mancha de petróleo no mesmo lugar. Voltei à praia e ouvi uma mulher gorda explicando à sua família:

"É o que dizem, todos os petroleiros de Mourepiane despejam seus dejetos na corrente perto do rochedo! Que beleza, hein! Não tem como sair cheirando bem depois de nadar por ali..."

Só me restava voltar para casa o mais rápido possível, entrar no banho e me esfregar com toda a minha força; antes, tinha dois ônibus para pegar com crianças superexcitadas e cansadas, mas satisfeitas. Eu é que não vou feder para sempre a depósito de petróleo. Carolina, a verdade é que, quando entramos na água nos arredores de Marselha, temos que ficar com um pé atrás! Podemos mergulhar em Pointe-Rouge e trazer para a superfície todos os tipos de latas de conserva vazias, gatos mortos, capazes de deixar com nojo os mais apaixonados!

É preciso estar por dentro e conhecer os lugares que ainda não estão infestados de óleo queimado ou lixo, ou se contentar apenas em se bronzear! Bronzear! Maldita palavra que faz os brancos delirarem! Eu, que sou de bronze, evito cuidadosamente me expor ao sol com medo de uma "insolação", fico sempre estarrecida com a visão das pessoas torrando desse jeito. É claro que há sóis e sóis!

Chamo tudo isso de estar tranquila, e durou até hoje de manhã, quando um cavalheiro, impecavelmente vestido, com uma esplêndida indumentária de verão, veio me visitar. Fiquei surpresa quando ele anunciou que era o agente literário da Rue Saint-Sulpice. Ele estava de passagem por Marselha e veio me ver por curiosidade. Já eu, descascava batatas, os meninos queriam comer batata frita, e bastante, diziam. Com uma mão, abri a porta, segurando firme uma batata com a outra. Ele parecia surpreso quando lhe disse que a escritora que estava procurando era eu mesma, mas seu espanto não durou muito. Disse-lhe que não tinha um tostão para gastar numa aventura literária que talvez não desse em nada.

Ele então me perguntou o que eu estava fazendo naquele momento. Respondi:

"Hum! Hum! Estou escrevendo para a Carolina!"

"Quem é Carolina?", ele perguntou.

Minha cara, desde que comecei a traçar estas linhas, sempre esqueço o nome da sua cidade, mas lhe disse:

"Uma sul-americana, sabe? O senhor gostaria de ver algumas páginas?"

Ele mergulhou na leitura dos meus rabiscos enquanto eu fazia um ponche, minha presença foi esquecida, mas vi que estava sorrindo, fiquei envergonhada, e ele finalmente exclamou:

"Que engraçado! Não parece com nada que eu já tenha lido! Temos de preparar um manuscrito!"

Ele não estava de brincadeira, até disse para agilizar aquilo, mas não estou com pressa, pois será a mesma coisa de sempre, sem grana para uma empreitada dessas, não muda nada enviar agora ou daqui a dez anos...

8 de setembro de 1963

Não faz nem quinze dias que nosso protegido vem se europei-
zando, sua postura já está até mais destemida. Ele veio nos ver
e me trouxe um ramo de flores. Está contente por ter encontrado um quartinho no subúrbio perto da fábrica onde trabalha.
Notei que não fica mais olhando fixamente para os pés, agora
fala de projetos, conta sobre o que está acontecendo no galpão
em que lida com garrafas. Mostrou-nos uma foto em que havia
uma jovem de tipo mediterrâneo e disse, sorrindo:
"Vamos ao baile juntos, ela trabalha perto de onde moro,
seus pais são armênios!"
Quando partiu, meu marido disse:
"Não tem mais por que se preocupar, não há nada melhor
para um moço como ele superar as dificuldades do que uma
menina nascida aqui na cidade que lhe estende a mão..."
É claro, eu não partilhava totalmente da opinião, mas melhor isso para o rapaz do que a corja do Harlem.

10 de setembro

Dei uma volta pelas lojas e percebi, apavorada, que preciso comprar tanta coisa que, mais cedo ou mais tarde, terei de procurar
um emprego, apesar dos clamores do meu marido.

12 de setembro de 63

A Feira Internacional abrirá as portas por doze dias, mais de
um décimo das mulheres vai correr para o local, um bom pu-
nhado de estudantes também, todo mundo em busca de um
trabalho não muito difícil e temporário. Minha compatriota
de Guadalupe que conhece muitos esquemas me disse que
era ajudante de cozinha num restaurante na feira, um baita

emprego, sem madames, sem patrões fungando os pratos para ver se ainda cheiram a peixe. Mergulhamos os pratos na água ensaboada, depois enxaguamos, frequentemente eles secam sozinhos. "O mais engraçado", ela me disse, "é que são os mesmos patrões que vêm correndo comer naqueles pratos mais do que suspeitos." "E então", ela acrescentou, "é hora de eu ter um emprego, não importa onde; como lojista, como vendedora, ou como estoquista." Eu vou amanhã, não é por um sonho que eu sairei de casa, mas por necessidade. Não acredito que haja muitas mães de família deixando suas crias por capricho quando estão numa situação como a minha. De qualquer forma, não há outra saída, tenho duas mãos e devo me servir delas, só digito com seis dedos, talvez seja por isso que a minha papelada não me alimenta, então vou usar os meus dez dedos, minha pobre Carolina, e a sério, para não ser apanhada de surpresa, o outono já está batendo na porta. Entre dois dias quentes, uma rajada de vento mais fria anuncia que o verão está indo embora. Arbustos de giestas já não têm flores e faz um bom tempo que as cerejas são vistas apenas em caixas, devidamente cristalizadas. Há uvas por todo lado, a época da colheita está chegando; mais uma vez, esse maldito inverno vai deixar tremendo a minha carcaça, que não consegue se acostumar ao frio. Já é hora, já é hora... se eu pudesse ficar em casa enquanto o mistral faz o povo da Provence caminhar curvado, diria que sou uma privilegiada. É por isso que, enquanto ainda há tempo, preciso planejar a compra de calçados a mais e casacos confortáveis... Vou sair para batalhar o pão de cada dia, como se costuma dizer aos homens, com o suor do meu rosto. É necessário, e fico atormentada ao me sentir inútil, visto que posso ganhar três francos por hora. Irei à feira. A propósito, não sou a única: os negros que vêm aos montes não devem se iludir, um Henri Salvador ou uma Joséphine Baker nascem a cada vinte anos, e é preciso ter o estômago forte para não se perder no turbilhão. Com a chegada do outono, todas as mães negras deixarão suas casas, seus quartos de hotel, colocarão os filhos na cantina da escola, na creche, irão para a fábrica e para a casa das patroas, ao menos em Marselha é assim. As fábricas de tâmaras abocanharão uma grande parte, as fábricas de biscoitos ficarão com outro tanto, e quando todas essas mulheres tiverem acumulado o suficiente para enviar um pacote para os que permaneceram na terra natal, elas terão o orgulho, a coragem ou o atrevimento, diga como quiser, Carolina, de escrever aos seus: "Eu estou bem, encontrei uma mina de ouro". Então outros mais virão em barcos cheios, vindos de todos os portos e, por sua vez, entrarão na engrenagem e começarão a pensar nos invernos que sempre duram e nunca acabam. Não muda nada escrever para você, mas é bom poder compreender por que no inverno minhas irmãs têm o ar mais triste.

Há também uma coisa que notei e que não para de me surpreender: quando uma francesa daqui, seja qual for sua posição social, chega às Antilhas ou a outro país do Terceiro Mundo, ela está predestinada a uma vida melhor. As camponesas tornam-se secretárias executivas, as faxineiras são imediatamente alçadas ao patamar de mulheres de respeito. Aquelas que só tinham visto um banco em fotos logo começam a trabalhar em um; se não sabem escrever, contam as notas. Por isso, dizemos a nós mesmas, no momento em que soubermos falar bem francês, ao chegar à Europa seremos vendedoras nas lojas de departamento, seremos secretárias se soubermos escrever corretamente uma carta. Mas é tão longo o caminho entre o sonho e a realidade que nunca deixarei de ficar perplexa.

Pois é, tudo isso, somado à chegada dos ventos mais frescos, me deixa para baixo e, para escapar desse sentimento, nada melhor que a Feira de Marselha.

14 de setembro de 63

Estava na agência de emprego no Parque Chanot. Os guardas me disseram para voltar no dia 17, estarei lá sem falta.

16 de setembro

Nosso protegido está radiante, acaba de ser chamado para fazer um teste de aptidão física na Rue Sylvabelle, sua alegria é contagiante.

17 de setembro

Caminhei por todo canto na cidadezinha que se tornou o Parque Chanot. Um guarda me pôs para dentro porque foi com a minha cara, disse-me para tentar encontrar um trabalho. Enquanto isso, uma enorme fila composta de mulheres de todas as idades esperava pacientemente que a agência de empregos solicitasse os seus serviços. Quando o moço me acenou, um alvoroço surgiu no meio da multidão:

"Eu estava aqui antes!"

"Faz três dias seguidos que estou vindo!"

"Já vimos esse filme!"

Privei-me de responder, o moço corria o risco de cair em maus lençóis se seu gesto provocasse uma pequena guerra. Ele gritou bem alto:

"Ela não vai entrar na fila, ela já tem um estande! Vá logo, seus familiares chegaram ao estande das Antilhas!"

Eu não tinha parentes feirantes, mas comecei a procurar o estande das Antilhas, de um extremo a outro da feira; felizmente tinha lembrado de trazer comigo um par de sandálias a mais, a moda das bolsas grandes pelo menos serve para alguma coisa, posso enterrar meus saltos altos ali a qualquer momento. Parei diante dos demonstradores de trituradores de legumes, dos vendedores de iogurte, dos sujeitos que manuseiam máquinas agrícolas, dos livreiros e dos comerciantes de café, tudo em vão! Dei uma volta pelos estandes dos Estados jovens, tentei vender meu peixe para um diplomata negro, mas acabei ouvindo que a maioria dos países delegava representantes versados no que era exposto. Fui ainda aos apicultores e horticultores, não tinha o sotaque para falar sobre mel e lavanda da Provence. Depois tomei uma coca-cola na parte de fora de uma grande cervejaria, aproveitei a oportunidade para perguntar ao garçom se seu estabelecimento contratava ajudantes de cozinha ou vendedoras, "o quadro de funcionários está preenchido", ele respondeu, "mas dê uma passada lá pelos lados das barraquinhas de comida, nos vendedores de sanduíche". Apresentei-me aos comerciantes de presunto de Auvergne, aos vendedores de charcutaria da Bretanha, aos expositores de salames de Lyon. Andei em círculos perto das barracas de crepes à maneira normanda e dos vendedores de vinhos leves. Eles nem sequer me olhavam e diziam: "Não, ninguém". Acontecia que outras mulheres que como eu procuravam um emprego se deparavam comigo e me perguntavam:

"Então, a senhora encontrou alguma coisa?"

Eu dizia que não, e tratávamos de encorajar umas às outras, talvez daqui a pouco... Talvez ali nos comerciantes magrebinos!... É provável que nas cervejas falte gente amanhã de manhã... A gente sabia que eram apenas palavras, mas eram pronunciadas para esquecer todos os quilômetros atravessados nas alamedas poeirentas. Apoiei-me então contra um grande plátano em busca de sombra. E ali, atrás daquela árvore enorme, ouvi homens falando crioulo, um deles dizia:

"Caramba! Gostaria tanto de uma antilhana no estande neste ano."

Prendi a respiração, pois o outro continuou:

"Elas não são raras por aqui, faz uma semana que vou para cima e para baixo na feira e já vi uma boa dúzia procurando emprego."

Deixei que partissem e os segui à distância para ver onde se localizava esse estande providencial, no qual, enfim, se requisitava a presença de uma negra. Os dois homens entraram numa barraca de madeira ainda bagunçada, uma mixórdia de escadas, caixotes e caixas de todos os tipos atulhando o espaço.

Sem medo, apresentei-me e fui logo dizendo:

"O senhor está à procura de uma vendedora? Já tem uma?"

Meu compatriota abriu um sorriso largo e exclamou:

"Não temos! A senhora conhece alguém?"

Mesmo surpresa, consegui dizer que queria trabalhar! E o homem olhava para as minhas luvas e para o meu traje elegante! Eu ostentava o meu vestido de verão mais lindo. Ele disse:

"Pensei que a senhora tinha um estande seu, eu a vi passar mais cedo, mas nem por um segundo suspeitei que estivesse à procura de emprego. Qual é o seu nome? Talvez eu conheça a sua família."

Ele foi simpático comigo, finalmente um empregador me pergunta quem eu sou! Em seguida, disse que eu tinha que começar naquele instante. Desse jeito, abriu-se um novo parêntese neste ano que caminha para o fim.

18 de setembro

Durante doze horas, falei sem parar, será assim em todos os doze dias? Não sei quantas vezes repeti:

"Uma olhadinha só, senhoras e senhores! Deem uma olhadinha nas especiarias. Montem o seu estoque de especiarias!"

Repetia essas palavras em frente a uma montanha de tubos cheios de ingredientes com nomes sugestivos: baunilha de Guadalupe, pimenta-da-jamaica, curry da Índia, açafrão de Madagascar, harissa da Argélia, canela da Martinica. Em Marselha, pode-se encontrar essas coisas por toda parte, mas o entusiasmo com as feiras é tamanho que dá para passar para a frente qualquer coisa a quem quer que seja, desde que se saiba vendê-la. Expliquei umas mil vezes como fazer arroz com curry aos "clientes", que, depois de me ouvir, deixavam a mercadoria, dizendo que o seu fígado não andava bem! Quando o chefe não está, é uma barbada, é só retomar a ladainha para reunir outros clientes e dar receitas para chá do Ceilão ou sopa de peixe com açafrão; mas, quando o patrão está por perto, é preciso emplacar algumas vendas! Caso contrário, ele franze as sobrancelhas e bate impacientemente no balcão:

"Em Marselha, é sempre assim! As pessoas vêm dar um passeio e nunca pensam em comprar alguma coisa! Arranje uma maneira de identificar os clientes de verdade!"

Velha amiga Carolina, fiz isso o dia todo, e o chefe me agradeceu de noite, antes de eu me despedir.

19 de setembro

Renée, caminhando dois passos atrás dos seus patrões, passou perto do meu estande. Ela veio me cumprimentar um pouco sem jeito. Eles tinham os olhos presos na pilha de manjar turco que eu acabara de expor junto a um monte de outros produtos orientais. Ao ouvir Renée falando, eles olharam na minha direção, e a madame disse sem parecer me ver:

"É ela quem substituiu a Renée, agora é vendedora!!!"

Falei com a Renée sem olhar para a madame:

"Então, ainda trabalhando na casa dos rabugentos?"

Renée curvou-se e os seguiu, sem pestanejar; furiosa, eu não fechava a matraca:

"Por aqui, senhoras e senhores, temos toda gama de especiarias e todos os produtos das colônias", e seguia com o canto
do olho a silhueta resignada da Renée se perder na multidão
quando uma voz engraçada me fez virar a cabeça:

"Não diga 'todos os produtos coloniais'! Diga: 'todos os produtos de além-mar'." Era uma nuance e apenas fazia referência
à canela; no entanto, na minha frente, um produto colonial em
carne e osso, sem rir, ia atrás dos patrões intransigentes. Fiquei muda, e meu chefe me perguntou:

"Com o devido respeito, mas agora só se usa 'além-mar', o
resto é o resto, não existe mais."

É claro, o resto não existe mais! Ele não sabe que esse resto
ainda resta para as minhas irmãs! E até quando?

O mistral começou a soprar e levou junto redemoinhos de
poeira para os produtos expostos, coloquei cocos para segurar o papel-jornal que protegia do sol alguns tubos de baunilha tomados pelo calor.

E Renée, dessa vez sozinha, veio correndo me dizer:

"Terminei de pagar a minha viagem neste mês! Poderei me
demitir."

Nem sequer olhei para ela, com medo de ouvi-la abandonar
a ideia. O proprietário do estande estava lá, era um bom pretexto para não responder, é proibido perder tempo com pessoas que a princípio não vão comprar nada.

A chuva veio depois do mistral e, de noitinha, as alamedas
do parque estavam desertas, a multidão apressada invadiu os
ônibus e os táxis estacionados. A água passava pela minha camisa, aquilo não era nada divertido, tinha ainda dois ônibus
para pegar até chegar em casa. Perto do estacionamento do
Boulevard Rabatau, ouvi alguém buzinar loucamente, olhei
para ver o que estava acontecendo. Os passageiros de um
Citroën DS me acenavam com as mãos. Pensei por um momento que tinha perdido alguma coisa... Mas não! Minha cara

Carolina, vi a silhueta alta do meu primeiro patrão, o médico, vindo na minha direção, cortês e sorridente:

"Definitivamente encontramos todo mundo na feira. A senhora quer vir conosco? As meninas vão junto: tem lugar no carro, podemos deixá-la no ponto de ônibus mais próximo."

Ele não precisou dizer duas vezes, eu não tinha mais força nas pernas e estava de barriga vazia: obrigada a ficar chamando clientes, tinha perdido a vontade de comer meu sanduíche no almoço.

As meninas me disseram daquele jeito preguiçoso:

"Bom dia!"

O patrão, por sua vez, começou a falar: ele tinha todo o tempo do mundo, tendo em vista a multidão de carros na lenta procissão para subir o boulevard.

Ele perguntou sobre a minha família e prometeu voltar à feira para comprar algumas especiarias comigo. Mais do que tudo, insinuou que queria encontrar uma antilhana para a sua esposa. O que não se poderia fazer por um homem assim, tão cortês? Mas pela sua esposa, eu não sou louca nem nada!

17

20 de setembro

Hoje, Carolina, o serviço estava desumano, não podia ir ao banheiro com medo de que um cliente fosse embora. Já perdi quatro quilos — recomendo vender produtos aos berros para manter ou retomar a boa forma. É incrível a quantidade de gente que podemos ver na feira! Há alguns que não param para nada, correndo direto para as barraquinhas de comida. Já vi tanta gente comendo sanduíche, perdi o apetite também por causa disso.

Bem na frente do meu estande, um *pied-noir* teve a grande ideia de grelhar linguiça merguez para vender, cobertas de harissa. Multidões do outro lado do Mediterrâneo se precipitaram depois do seu anúncio:

"Merguez grelhada na lenha: é só chegar!"

E eles se aproximam, e as linguiças de fato grelhando no fogo de lenha. Não somos só eu e meu patrão na barraca onde trabalho. Ela é dividida em quatro, formando quatro estandes distintos, enfumaçados durante todo o dia. Ao meio-dia, já não se sabe qual aroma sobressai mais, se o odor acre da gordura ou o cheiro ruim da fumaça escura que invade as instalações. Às vezes, o mistral travesso leva uma nuvem com aroma de Spigol* até o estande em frente, aí o meu chefe esfrega as mãos:

---

* Nome de uma marca de temperos que, popularmente, designa uma alternativa mais barata para o açafrão.

"Opa! Olha só o estande dos vinhos italianos ali! Antes do fim da feira, estarão defumados como arenques!"

Essas reflexões não tiram o seu foco, e ele emenda de imediato:

"Maméga! Vai para cima dos visitantes! Vai logo! Eles ficam comendo em vez de comprar especiarias! Olhe lá, tem fila no Landouillard. O camarada vai nos afundar com os patês de Auvergne dele! Senhoras e senhores! Pimenta no seu sanduíche de patê ajuda a dar energia!"

Depois dessa lenga-lenga convincente, recomecei:

"Comprem especiarias, senhoras e senhores!"

Em seguida, alguns glutões se aproximam e, me olhando falar, compram qualquer coisa. São clientes estranhos, um só queria um tubo de açafrão, entrego-lhe de bom grado, mas uma olhadela implacável do meu empregador me faz "atacar":

"O senhor não se esqueceu de nada? Temos chás, os melhores de todos! Olhe este pó aqui: podemos colocar em qualquer molho, também dá para fazer um chazinho bom contra o reumatismo."

Eu não sei de nada, foi o chefe que me disse, apenas repito, e o glutão vai embora com vários tubos de pó cinzento com cheiro de fricassê de coelho!

Há sobretudo os que vêm por curiosidade:

"Oh! Uma negra!"

Apesar de habituados com a nossa presença em Marselha, não nos veem com frequência anunciando produtos. Eles param, se aproximam, e eu consigo fazê-los comprar pó de salsa ou louro em frasco, embora, em torno de suas casas, a natureza generosamente tenha feito crescer boas e perfumadas ervas da Provence!

Há alguns que vêm por simpatia! O comerciante de rum das Antilhas, ainda que não queira vendedoras antilhanas, me empresta uma caixa vazia para eu me sentar entre uma e outra leva de clientes. Tem o enorme Landouillard que me trata por "você" e me oferece cidra a todo momento. Ele me falou de todos os lugares onde a degustação ainda é grátis, felizmente eu não estou nem com fome nem com sede; senão, a cada noite sairia de lá com indigestão. E também tem alguém que está apaixonado por mim, um vendedor de refrigeradores que adora raviólis, ao contrário do meu patrão. Quando meu admirador passa na hora do almoço, o prato de massa com molho vermelho nas mãos, e chega perto do balcão para me perguntar em que dia eu poderia ir ao restaurante com ele, meu patrão fica furioso. Ele tapa o nariz e grita:

"Saia daqui! Saia daqui! O senhor impede que os clientes se aproximem."

Ele vai embora, permitindo-me detectar uma categoria de compradoras que é difícil de enrolar. Trata-se de mulheres grandes que levam consigo sacos de malha e sacolas de compras, das quais saem cabos de utensílios para a cozinha, na maioria das vezes frigideiras. Elas são minuciosas, preparam com antecedência a lista de compras. O chefe as reconhece: são donas de casa de mão-cheia que não têm medo nem de diabetes nem de colesterol. Elas pedem baunilha para os cremes e os sorvetes, extratos para os bolos, especiarias para o peru de Natal.

O patrão é só sorrisos, a voz dele amolece, não há nenhuma demonstração a fazer, enfia o dinheiro no caixa, bajula. Quando a cliente que sabia o que queria vira as costas, ele esfrega as mãos e exclama:

"Maméga! Essa foi boa!"

Entendo que essa foi boa! E a cliente em questão tem direito a um chapéu de papel colorido e um panfleto. Ao entregá-los, preciso dizer:

"Se a senhora se esqueceu de algo, não hesite em voltar, estou à sua disposição."

Se omito esse bordão, ai de mim! No entanto, peço a Deus para não trazer de volta aquela dona de casa bem informada, pois, durante minutos intermináveis, eu teria que falar de improviso sobre um prato que desconheço, incorporando na receita, a qualquer preço, os ingredientes que ela comprou.

Há também umas pessoas bonitas que ficam olhando com desprezo aqueles que comem todos os patês, salsichas e cremes. São esbeltas e, nas suas caras crispadas, vejo que todo esse cheiro de cozinha deve lhes fazer cócegas nas narinas e, sobretudo, no estômago! Mas manter a linha, essa maldita linha, as impede de entrar na fila do vendedor de merguez, as fazendo virar a cabeça e partir rapidamente. Tenho prazer em chamá-las:

"Então, senhora! Vai embora sem comprar temperos? Não há comida boa sem temperos! Já provou a sopa chinesa? Temos camarão e cogumelos desidratados."

Às vezes elas me lançam um olhar irritado, às vezes respondem gentilmente:

"Estou de dieta, obrigada."

Tem gente que está de dieta e que vai até as barraquinhas de degustação! Não faz sentido!

Há ainda os que se lembram, caminham na minha direção, não olham para o balcão, mas para o meu rosto, e vêm me dizer:

"Veja só! Fiquei três anos em Fort-de-France! O coco não custava tão caro, não é?"

"Sou de Duala! Uma mulher intratável me fez voltar para cá e agora é a independência, sinto saudade do meu boy."*

"Nossa! Uma Doudou! Uma Doudou! Eu tinha uma durante a guerra, tinha uma durante a guerra, eu estava no porta-aviões *Béarn*, por três anos fiquei nas Antilhas, eu tinha uma mulher, como eu a amava!"

"Diego Suarez, em Madagascar! A baía! Os molhos *rougails*? As mulheres de lá!"

---

* Nos países colonizados, empregado doméstico nativo.

Homens, mulheres ou crianças evocam o passado com arrependimento, com saudosismo, mesmo que esse passado não esteja tão distante. Isso me relaxa e me faz esquecer a música ininterrupta difundida da manhã à noite pelos alto-falantes da feira, tento conversar um pouco; o chefe aparece e diz:

"As senhoras e os senhores querem alguma coisa?"

Eles batem em retirada levando consigo suas lembranças encantadoras.

O que faz o meu chefe perder as estribeiras, na verdade, é gente de cor, como eu e ele, rindo em voz alta ao olhar para a baunilha bem civilizada e arrumadinha em tubos de vidro, para o pau de canela, padronizado, esculpido, simetricamente cortado e à espera de compradores. Os africanos se apoderam do frasco de noz-de-cola e dizem:

"O que é isso? Não é de verdade! Parecem pedrinhas."

Fico rindo por dentro e ainda faço um sermão sobre a necessidade das embalagens que reduzem as nozes-de-cola a lentilhas. Daí chega um antilhano ingênuo perguntando ao meu patrão:

"Quantas pimentas são colocadas no frasco de cinco francos? Ali tem apenas o suficiente para dois ensopados de peixe! O senhor está de brincadeira! Vou pedir para alguém me mandar direto de lá!"

Outros olham maliciosamente as caixas de fruta-pão e perguntam:

"Uma fruta-pão serviu para preencher quantas caixas?"

O patrão ficou roxo de raiva:

"Saia daqui! Os negros não compram nada mesmo! Eles preferem encomendar caixas de patê de lebre para o Natal! O senhor sabe ao menos se não tem carne de gato nas caixas que recebe?"

Às vezes consigo arrumar tudo:

"Imagina, ao olhar para o seu balcão, eles já veem, assim como eu, gigantescas árvores de frutas-pão em torno de suas casas, baunilhas inchadas com almíscar perfumando as feiras da terra natal deles, e as baunilhas aqui são tão prensadas, tão secas, como não rir disso? Mas não é por mal!"

De tarde, estava eu outra vez defendendo essa causa quando uma senhora loira apareceu, disse que era das Antilhas e falou comigo em crioulo:

"Um ciclone devastou as ilhas, não resta nada de pé... pessoas morreram, parece..."

Emocionada, esqueci as instruções do meu patrão me proibindo de falar com antilhanos. A mulher começou a chorar calmamente, e uma a uma as lágrimas caíram em cima de um monte de bengalas de açúcar que estavam diante dela. Meu chefe, que o bem-estar havia tornado insensível, pegou um espanador e tirou o pó dos tubos que não aguentavam mais serem limpos:

"Daqui a pouco vão dizer que o ciclone passou sobre as mercadorias! Está chovendo aqui!"

A *béké** apertou minha mão e fugiu. O chefe resmungou:

"Felizmente não existem só as Antilhas para lembrar a essas mulheres que elas são como todo mundo!"

Dos estandes de rum em volta chegavam as notícias, espalhadas pelos bebedores de ponche. Soube que a tempestade que tinha devastado o país se chamava Edith. Os boatos mais fantásticos passavam por lá; o grande Landouillard, mastigando sua guimba que não acabava nunca, me disse:

"Há um ciclone empurrando a Martinica para o Vieux Port, o rum não teria por que ser tão caro!"

O chefe bem podia ter me dito "Vai para cima deles! Vai logo! A senhora deixa o vendedor de merguez ficar com todos os clientes!".

Eu não conseguia mais, Carolina. Só de imaginar a casa da minha mãe destruída, a casa dela, a razão de viver dela, a de

---

* Nas Antilhas, designação atribuída a um antilhano de pele branca descendente de europeus.

todos os da sua idade que nunca se deslocarão para habitações sociais, mesmo que luxuosas! E onde estavam agora todas essas mulheres sem morada?

Esse pensamento foi suficiente para me deixar com uma terrível enxaqueca. Duas horas antes de terminar o expediente, desisti do serviço:

"Estou voltando para casa! Pode descontar duas horas do meu salário?", eu disse.

Tirei os madras de gala e pus na minha bolsa o colar de bolinhas douradas que me estrangulava desde que soube que a Edith andava pelas Antilhas. Fui correndo pegar um táxi e cheguei justo quando as crianças voltavam da escola. Eles já sabiam, estavam acompanhados por alguns amigos que lhes contaram sobre o ciclone. Eles, que conheciam todos os detalhes dos arredores da cabana da avó, detalhes que eu não lhes poupava, ficaram devastados:

"E a ameixeira, você acha que ela caiu? E a árvore de fruta--pão, será que o vento...!"

Eu era o porto seguro da minha família, em torno de quem todos se refugiavam e se acalmavam, mas nem eu nem o meu marido tínhamos descanso, e pensar que, na nossa terra, os nossos talvez estivessem, naquele momento, à procura de uma proteção contra o sol ou de abrigo para a noite. Era horrível se sentir impotente perante uma adversidade tão dura. A gente gostaria de estar com eles, compartilhar a desgraça com eles. Quando os homens riem, raramente precisam de amigos que pensem neles; quando choram, como é bom serem compreendidos e consolados!

29 de setembro de 63

Quem diria? O rechonchudo do Landouillard veio oferecer-me roupas para as vítimas! Disse-lhe para ir ao lugar encarregado de recolher donativos, então ele reuniu casacos, cobertores e ceroulas de lã numa mala. Não podia lhe dizer que, depois de um ciclone, o sol lança seus raios ardentes na miséria deixada pelo seu rival, o vento.

No formigueiro onde a minha gente recupera a esperança, os habitantes devem estar correndo, suando, pregando, carregando vigas e telhas metálicas. Devem estar na fila para pegar o pão, limpar as estradas, devem também estar brigando para comprar um pouco de carne. Nos trópicos, tudo isso deixa as pessoas com mais calor ainda, mas como contar ao Landouillard, que faz caridade de modo tão espontâneo?

1º de outubro de 63

Os soberbos organizam uma manifestação em nome das vítimas. Como podem se valer de tantas lágrimas para fins publicitários? Como poderão dançar, fazer amor, enquanto o jazz ditará o ritmo da desgraça daqueles que estão lá longe rangendo os dentes?

Da minha gente, ouço um grito agudo, e sofro no mais íntimo de mim mesma. Essa coisa imunda não quer partir do lugar no qual se instalou no mar do Caribe; ela anda em círculos, derruba as casas em Cuba, em Guadalupe, e de Santo Domingo ao México, pobre das pessoas assustadas, à espera.

Recebi algumas palavras de angústia dos meus pelo correio e, impotente, sequei uma lágrima enquanto meu marido lia em frente ao balcão. Já meu chefe, que tinha virado um fatalista, soltou de maneira grosseira:

"Vocês vão ver a quantidade de negros que virão para cá em breve, em vez de ficar lá e reconstruir suas casas... E nunca vão comprar nada!"

Ai, meu Deus! A que ponto chega essa gente que só pensa na moeda a ser enfiada em um cofre abarrotado! Queria sair dali, mas pensei:

"Mais quatro dias e ponto-final."

3 de outubro de 63

Todos partem do Parque Chanot, dos comerciantes magrebinos aos estandes do Exército: é o vaivém dos expositores, que invadem os correios para enviar correspondências ou informar que trocaram de endereço. O vendedor de refrigeradores me pediu para ir a Dijon para a próxima Feira de Novembro, ele vai me contratar e vamos comer ravióli. Com a desculpa de trazer uma lembrança da feira, comprei uma garrafa de vinho italiano e xícaras de pirex, sei que é bem mais caro do que nas lojas de departamento, mas tudo bem.

Biombos azuis e biombos vermelhos são dobrados, guarda-sóis listrados e guarda-sóis xadrez se fecham, estandes feinhos e estandes bonitos ficam vazios, clientes que comem e clientes que passeiam andam indiferentes entre as montanhas de embalagens de papelão que agora bloqueiam as alamedas. Os vagões do trem recolhem encomendas que vão diretamente para outras feiras. Aos gritos, os feirantes combinam de se encontrar nas cidades mais remotas da França ou da Europa. O mistral começa a soprar, e todo mundo já tratou de vestir um pulôver. O tempo da feira passou, em breve será apenas uma memória para mim, Parque Chanot, o patrão negro, conversas sobre o ciclone. Os estudantes das universidades vizinhas que vieram vender crepes ou bibelôs espanhóis reuniram-se perto da fonte e estão fazendo um balanço da temporada: a personalidade dos seus chefes e o dinheiro que ganharam. Em breve, retornarão à universidade, e a imagem da feira também desaparecerá para eles, assim que chegarem aos anfiteatros. Fiquei amiga de uma moça cheia de boa vontade que trabalhava para o vendedor de merguez, mas que era constantemente repreendida por não ter uma voz forte o suficiente para chamar a atenção dos clientes. Ela veio despedir-se de mim trazendo consigo artigos de papelaria:

"Eu não tive tempo de ver nada na feira: apenas comprei um pequeno estoque de material escolar! Logo logo as aulas recomeçam... Adeus!"

Eu estava enchendo as caixas de tubos, o trabalho tinha que ser feito com todo o cuidado, e o patrão gritou:

"Volte no ano que vem antes do começo da feira para a gente bater um papo..."

A estudante encolheu os ombros e foi trilhar o próprio caminho. Enchi as caixas e fui trilhar o meu, sem arrependimentos, sem rancor. Já que a vida é assim, para que ficar analisando?

8 de outubro

A sra. Roland substituiu-me durante doze dias, lavou tudo, mas não passou nada, todos os armários estão cheios de roupas à espera da minha chegada, e sem descanso compenso o tempo perdido na feira, sem descanso tapo os buracos surgidos durante a minha ausência. Descobri ainda que um dos meus filhos estava trocando as aulas de aritmética pela leitura de histórias de caubói; virando o colchão, encontrei uns dez desses livrinhos.

Pergunto-me por que me cansei tanto para ganhar alguns poucos francos que evaporaram tão depressa, paguei à sra. Roland, comprei um guarda-chuva e uma bolsa, dois pares de calçados e umas bobagens para as crianças, de modo que não sobrou mais nada do que tinha ganhado. Estou me perguntando se eu não deveria, tal como as aves do Evangelho, ficar esperando pelos grãos que Deus traz todo o dia.

Meu marido chegou furioso com um recorte de jornal que circulava no seu trabalho. Dizia-se que as autoridades tinham visitado os vilarejos atingidos e que encontraram os habitantes alegres e despreocupados, apesar da desgraça. Porém, não foi lá que eu aprendi esta lição: "Muitas vezes, os infelizes riem e cantam para nós e choram entre si"?

Se as autoridades soubessem o que acontece quando viram as costas: os habitantes trocam inhames por um pouco de arroz ou bacalhau. Vejo os mais velhos pregando pela milésima vez as tábuas que mil ventos já levaram consigo, e aqueles que não têm mais a força para pregar ficam à mercê dos "*békés* França", esperando que em seus grandes aviões eles tenham pensado em trazer pregos para fixar as telhas de zinco das suas casas. Também vejo que o mito da felicidade eterna nas ilhas, antes e depois do ciclone, ainda está vivo.

"Droga!", disse o meu marido. "Agora meus camaradas ficam me perguntando o que vamos fazer com o dinheiro recolhido, já que lá não estamos mais passando necessidade."

Durante esse tempo, os meus filhos esvaziaram o seu cofrinho para doar aos necessitados, depois juntaram todas as roupas que não usávamos mais. Para agradá-los, fiz pacotes que não serão mais do que uma gota no oceano da miséria dos meus próprios parentes. Meu marido estava sempre se queixando:

"Por que eles tinham que rir bem na frente daquele jornalista?"

Eu sei o porquê. Eles riram de gratidão e ficaram esperando, desesperadamente, pelos pregos, telhas e caixas de mantimentos que a Mãe Pátria devia lhes enviar. Eles riram porque queriam abraçar quem chegava para ajudar, mas não se atreviam a tanto: as pessoas são tão esquisitas, não tem como saber como reagiriam! Além do mais, velha amiga Carolina, após um cataclismo, um jornalista não deve tomar nota acompanhando uma comitiva oficial, mas sim, munido de uma câmera e uma boa Bic, atravessar morros e rios para ver que rir é tudo o que resta para os infelizes. Seria preciso, sobretudo, que ele não dissesse quem era, eles esconderão a fome e prepararão a casa para esperá-lo... Pois é, é claro que eles riram...

18

11 de novembro de 63

A sra. Roland me disse:

"Toma lá dá cá. Minha patroa deixou a filha organizar uma reunião dançante domingo de tarde. A madame vai viajar para um lugar com neve. Já eu vou ficar, mas ela me pediu para encontrar alguém que me ajudasse. O que acha de me dar uma mãozinha? Cuidei direitinho dos seus meninos, quebre esse galho para mim."

Saí na chuva para encontrar a sra. Roland e, chegando ao casarão no Boulevard de la Corniche, eu já estava um pouco mal-humorada.

Ela me levou para uma enorme cozinha onde estava fazendo sanduíches com pão de fôrma. Mostrou-me duas grandes toranjas e me pediu para fazer espetinhos de azeitonas e queijo.

Ouvi risos, vi uma menina de calças e sapatilhas falando com uma outra vestida com um tailleur creme. Elas estavam em uma sala imensa como eu nunca tinha visto, e havia flores exóticas importadas de avião por todo lado, disse a sra. Roland. Quando me viram, ambas vieram me cumprimentar, sorridentes:

"Ainda bem que a senhora veio", disse uma delas.

Percebi que naquela tarde ela era a dona da casa. Os garotos chegaram a pé, de mobilete ou, no mais das vezes, de 2CV: rapidamente os arredores da casa foram transformados em estacionamento, os jovens subiam animados os poucos degraus até o caminho que levava à porta de entrada e, em seguida, sumiam na residência.

A garota de calça comprida levava muito a sério o seu papel de anfitriã: sorrindo, acomodava os convidados. Ela havia me pedido para montar um vestiário improvisado. A sra. Roland rapidamente me chamou:

"Maméga, deixe os meninos se virarem sozinhos com os seus sobretudos: logo logo eles vão acabar com todo o bufê!!!"

De fato, nas duas mesas dispostas num dos cantos da sala, os salgadinhos deixados pela jovem dona da casa desapareciam: um grupo de jovens famintos, provavelmente de dieta há algum tempo, estava recuperando a forma sem se preocupar com mais nada. Fui para perto das mesas e olhei para os pequenos glutões de um jeito que eles largaram seus pratos.

A fita com uma sucessão ininterrupta de músicas de dança convidou todo mundo a dançar. Eles se faziam de difíceis, marcavam território, conversavam, circulavam com um copo na mão, até que veio uma balada: eles se abraçaram. Era bonitinho, nada de mais; para a felicidade da mãe da anfitriã, poderia ter mesmo durado mais tempo. Mas os twists começaram a suceder as bambas. A Europa fugiu, a América do Sul se estabeleceu e depois a generosa África tomou conta dos convidados em delírio. Já tinha visto fetichistas dançando assim nas ruas de Cotonu, havia sol e cactos ao fundo. Já aqui, chovia, e as rajadas no golfo cinza que se via não muito longe espalhavam gotinhas tristes por todos os lados. Os jovens não se importavam com a decoração à la Luís XV da senhora, tinham a deles na cabeça. Outros batiam palmas e marcavam o ritmo com os calcanhares. A sra. Roland levou a mão ao rosto e me disse:

"Que bando de selvagens!"

Bom, era o jeito de os jovens europeus extravasarem! Todos os programas de rádio repetem isso, não há nada de mais.

Contudo, fiquei zangada, um rapaz que tinha cabelo até a nuca deixou a sala na escuridão. Por três vezes, o cabeludo, rindo e sob os aplausos do bando, desligou os lustres, e por três vezes a mocinha da casa foi lá reacendê-los. Chamei a sra. Roland, e ela me disse:

"Ou ele para com isso, ou nós duas o jogamos pela janela. Ele é magro como um palito; vestido com aquele casaco curto, dá para ver que ele nem sequer tem bunda para tomar um pontapé, vamos pôr o rapaz para correr."

A sra. Roland está bem com seus oitenta quilos: tirou o madras que trazia na cabeça e enrolou-o em torno da cintura como se fosse carregar nos ombros um cacho de banana. Ficou plantada na frente dos interruptores, e eu do lado dela. A moça disse:

"Olha, sra. Roland, ele bebeu demais!"

A sra. Roland respondeu:

"Problema dele, que vai acabar dando uma volta lá fora se tocar no interruptor."

O cabeludo parecia ter passado muito mais tempo em discotecas do que em academias de judô. Ele se virou para a sra. Roland, que tinha tirado os saltos para ficar com uma base mais estável, depois me fitou com desprezo, pois eu tinha pegado como arma, pelo sim, pelo não, um grande guarda-chuva preto que pingava num porta-guarda-chuva de porcelana, e não parava de encará-lo. Os outros berravam de alegria e gritavam ao amigo doidinho:

"Vai lá então?"

Eles esperavam por um entreato divertido que não aconteceu! O cabeludo colérico e sempre desdenhoso bateu em retirada:

"Ela precisava trazer essas negras para acabar com a nossa farra."

A sra. Roland não se mexeu.

"Fale o que você quiser", ela murmurou, "você não passa de um menino malcriado, e não vai causar confusão na casa da madame quando ela não está por perto!"

Os outros procuravam diferentes maneiras de se divertir. Já que não tinha como ficar no escuro, não importava, o pessoal decidiu se beijar embaixo das muitas lâmpadas de duzentos e vinte volts que adornavam os candelabros de cristal! E, velha amiga Carolina, eles se esforçaram! As moças agarraram-se no pescoço dos rapazes como se abraçassem uma boia salva-vidas, e a balada que os unia não acabava mais. A sra. Roland ia e vinha, tilintava os copos vazios que recolhia, rosnava quando passava perto dos interruptores se um rapaz se aproximasse demais. Ela praguejava quando apanhava um cavaleiro descarado beijando a sua bela. Provavelmente eram menores de idade que se faziam de adultos.

A sra. Roland achou necessário executar um plano de combate que os impediria de chegar aos finalmente. Ela me pediu para ajudá-la. Começou por fechar a porta que dava para as escadas do porão, trancou a biblioteca, os quartos, a pequena sala de estar onde um casal apressado já havia se refugiado. Ela disse:

"Ainda não tirei a poeira daqui", e abriu as grandes janelas: uma brisa fresca correu pelo cômodo e acabou com a alegria dos jovenzinhos. A dona da casa compreendeu o que se passava pela cabeça da sua empregada. Ela desviava o olhar cada vez que sentia os nossos olhos voltados para ela e se recusava a flertar como os outros. Havia nela um resquício de pudor que inspirava um respeito por si própria e, ao mesmo tempo, por nós.

A sra. Roland lhe disse:

"Senhorita, devemos ter cuidado com essa gente, nunca se sabe o que tem na cabeça, eles têm que ir embora às nove da noite, como a sua mãe pediu!"

A mocinha reagiu na defensiva:

"Eles não são 'essa gente', são meus colegas!"

"Pois é!", disse a sra. Roland, "são seus colegas: mas se eu os vir entrando num dos quartos que fechei por precaução, vou chamar a polícia! Como assim! Bando de diabinhos! Vocês brincam de destruir a sua juventude! Quando tiverem idade para o serviço militar, já estarão velhos e estragados. Além do mais, senhorita, se não está contente, dá na mesma! Olhe isso, olhe só isso!"

Os jovens não gostam que chamemos sua atenção. Um a um os casais foram saindo, as mobiletes roncaram no Boulevard de la Corniche, e os carros arrancavam como cavalos em disparada. Eram só oito e meia da noite, e o baile já tinha acabado, graças à sra. Roland. Eu lavava os copos, guardava a prataria, estava com pressa de ir embora. A mocinha tinha se escondido num cômodo com uma amiga; ao fundo, ouvia-se um murmurinho sobre as desvantagens de ter uma velha martinicana cheia de antigas manias das ilhas.

Eu achava que a anfitriã estava contrariada, mas eis que a vejo sair de seu abrigo num sorriso só, quase aliviada:

"A senhora fez bem, sra. Roland, de mandar todos eles embora: estavam bêbados. Eles até se comportam direito quando não bebem!"

A sra. Roland, sem perder a compostura, respondeu:

"A senhorita tinha que receber uma entrega de espumantes e pegar licores no porão, embora sua mãe tivesse recomendado sucos de fruta? Enfim, eles vão se agarrar longe daqui, isso é o que importa!"

A jovem não estava acostumada a ouvir alguém falar com ela desse jeito, arregalava os olhos espantados, alisava com uma mão distraída o cabelo curto e continuava a sorrir. No fundo, pensei, ela não era uma pessoa ruim, mas, no meio de um grupo como aquele, ela não seria por muito tempo quem parecia ser.

Ainda estava chovendo: lá fora, debaixo de um guarda-chuva, eu esperava um táxi. Tinha de apressar o passo; no dia seguinte, segunda-feira, precisava levar toda minha cambada para a escola. Ganhei cinco mil francos pelo meu trabalho extra extraordinário, e ainda me pergunto até quando as minhas irmãs terão de cuidar dessas mocinhas e suas reuniões dançantes! Limpar as crianças que fazem xixi e ficar de plantão bem na hora em que todo mundo dança.

No Vieux Port, apesar da chuva, os cafés e os restaurantes estavam cheios, a Canebière brilhava intensamente, convidando-nos a ter esperança. Arquivei meus pensamentos e tratei de voltar para casa e pôr na cama os que estavam à minha espera.

Eles não sabiam de onde eu vinha, exceto o meu marido. Quando saí mais cedo, disse-lhes que ia visitar uma amiga. Agora todos queriam saber: quem era a amiga? Onde ela vivia? Como ela era?

Eu disse que ela era bonita, que tinha ponche em copos de cristal finíssimo e fazia sucos de frutas numa terrina de prata, mas que estava tão infeliz que já não sabia se era jovem demais ou velha demais! Foi assim que, nesta noite, pus um fim nos por quês e nos comos.

15 de novembro

O nosso protegido veio despedir-se de nós, ele vai fazer um estágio em Nantes... Nantes em novembro, lá ele vai ver que nem tudo são flores! Ele vai ser marceneiro. A sua mãe lhe enviou uma mala cheia de roupas leves, ele acabou de comprar o seu único pulôver de lã, e tenho dificuldade em fazê-lo aceitar uma velha mas confortável calça quente para usar na obra. Comprou macacões azuis de operário! Até agora, ainda confunde Nantes com Marselha. Para ele, todas essas cidades são a França; ele percebeu que o mistral não era o ventinho que soprava nas ilhas, mas ponderou que era suportável. Também não quis comprar botas curtas, acreditando que "ficaria estranho"; não sai mais de sandálias, mas continua usando os sapatos com solas finas. Enfim, será preciso que ele passe por isso para virar finalmente um homem.

20 de novembro

Nenhuma madame à vista. Meu marido foi ao cais fazer horas extras:

"Um trabalho danado", diz ele, "ganhamos bem, comemos bem, temos frutas para dar e vender, vemos outros negros contar o quanto sofrem, mas eu não pretendo ficar com eles, a gente ganha bem apenas durante uma época do mês, o resto do tempo é desemprego, pretos esperando no Harlem que o trabalho recomece na Joliette! Sabe o Lucien, o fortão que antes era pugilista, agora tira o sal dos cascos, lixa, pinta e limpa os navios! É um trabalho pesado, mas bem pago, os pretos vão correndo para lá. Ele já está começando a estragar os pulmões de tanto escarrar, se meu pistolão não tivesse sido o Robert, eu não teria conseguido o emprego, não sou registrado, e se você visse ainda a procissão de negros no cais esperando serem contratados e sendo recusados, é por isso que o Harlem não esvazia... Todos os barcos estão sendo vendidos! Joliette não é mais o que já foi, quando penso como era antes do fiasco da Indochina! Tinha sempre três ou quatro navios para descarregar ao mesmo tempo, os antilhanos sempre acabavam encontrando um trabalho; agora, me pergunto do que vivem todos os que ficam perambulando pelo cais."

Já é muito para mim ouvir as moças que são trazidas para cá, não posso também dar conta dos pretos procurando bananas no cais! Então, Carolina, me fiz de surda, mas o meu marido continuou:

"Vou para o cais fazer uma grana extra, a gente guarda esse dinheiro, você não vai mais precisar ir para a casa de nenhuma 'madame', nem penhorar a máquina de escrever no Natal... Fico triste quando você vai às casas dos senhores, como as nossas avós, como as nossas bisavós, como se nada tivesse mudado para nós durante todo esse tempo... enquanto se fabricam bombas atômicas, se fala da libertação dos povos. Não entendo por que você vai lá, logo você."

Pois é, já fui lá, e provavelmente voltarei ainda. É assim que são as coisas. Fico tão inquieta com este problema: as antilhanas que chegam em massa para servir nas casas das madames.

23 de novembro

Minha amiga Carolina, quando acontecem coisas horríveis, minha alma entristece. Escutei no rádio a notícia atroz e não pude segurar o choro:

"Meu Deus, por que o Senhor permitiu que isso acontecesse?"

As crianças queriam saber:

"O que foi que aconteceu, mãe? Por que você está dizendo isso?"

Eles me cercaram e já estavam quase chorando ao me ver aos prantos, os rostinhos crispados:

"Mataram o presidente Kennedy", disse.

"Por quê? Quem é Kennedy? É o pai da 'mocinha', coitada?", e as perguntas brotaram a torto e a direito.

Respondi:

"Ele está morto provavelmente para que negros como vocês possam ir à escola sem serem chamados de macacos!"

As crianças não entendiam nada, eles têm tempo para compreender, e sempre que posso lhes poupar de explicações pouco esperançosas, eu o faço. Isso não me impediu de lamentar por aquele que folheava o testamento de Abraham Lincoln, ele só estava nas primeiras páginas, e a tempestade já tinha arrancado o galho tão verde e tão cheio de esperança. Descascar batatas está mais difícil do que o normal, e o meu choro não seca nunca, pois hoje a fonte dele é importante demais. Choro porque as crianças já não têm mais pai, acho que ele morreu para que os homens fossem livres. Choro porque mais uma vez me enganei. Não se diz mais: "Meu Deus! Proteja aqueles que o Senhor me deu como líderes espirituais e temporais". Se as gerações futuras ainda disserem isso, é sinal de que entenderão que as instituições são concessões divinas, que o crime não traz nada de justo, nada de bom. Um regicida é um maldito, mesmo que a vítima tenha sido um homem mau.

Esses pensamentos assolam a minha já velha cabeça, que deveria se ocupar de outras coisas, apropriadas ao mundo das faxineiras: o preço da cera para passar no piso, o novo removedor de gorduras para fornos automáticos e outras coisas que vão me transformar em um robô. Mas agora, além do oceano, centenas de milhares de homens e mulheres negros procuram às cegas, na noite do passado e do presente deles, um caminho que os levará à dignidade definitiva; é por isso, Carolina, que choro por aquele que me estendeu a mão. Choro, e o meu rosto negro se contrai, as minhas mãos cinzentas ficam febris e o meu coração afunda tal como a esperança dos homens depositada em um único indivíduo. De Johanesburgo ao Mississippi, passando por Duala e Fort-de-France, os negros devem estar tão comovidos como eu. Deslumbrante, um trovão cruzou a tenebrosa noite dos negros, e sinto um profundo pesar como senti pelo meu pai. Fico confusa com este século tão primitivo que partiu a testa teimosa de Kennedy. Já não me atrevia a falar com ninguém, decidi que este seria um dia de luto. As crianças foram fazer as compras, assim evitei ver a padeira e a mulher da mercearia, sempre dispostas à conversa fiada. No final das contas, à tarde, acabei recebendo a visita da velhinha que deixara a casa de repouso:

"Cheguei! Pensei na senhora quando soube que um moço idiota tinha matado o Kennedy! Atiraram nele provavelmente por causa dos negros de lá!" Os negros de lá! Que referência egoísta e mesquinha! Ofereci um café à minha amiga e disse:

"É por minha causa também! Olhe para o meu nariz achatado! Olhe para o meu beiço, é por minha causa também!"

A minha amável provençal ficou surpresa. Para ela, tão humana, não havia problema, era eu que estava de má vontade em insistir em algo que vinha do seu coração. Durante muito tempo jogamos conversa fora, e a tarde acabou sem que eu percebesse que a minha dor se esvanecia. Escutávamos as notícias transmitidas pelo rádio quando ela disse:

"Então o Ocidente e o Oriente só podem ouvir um ao outro em torno de um caixão, a paz em torno de um ferimento vermelho..."

25 de novembro de 63

Rapidamente terminei de limpar a casa e fui visitar a velhinha querida. Ao notar minha presença, ela exclamou:

"Chegou a minha martinicana!"

Enfim, houve progresso, ela não disse a "negra". Tirei o pó de todas as peças enquanto ela me falava o que tinha feito em La Roque-d'Anthéron durante sua estada, também me contou sobre Beaucaire, Sisteron e Miramas, onde os netos dela moram. E pela centésima vez lhe descrevi a casa da minha mãe e as árvores que a rodeavam. O que ela não entende de jeito nenhum é que os invernos nunca chegam lá; por ela, tento esquecer que outras mulheres de olhos azuis têm o coração sombrio.

19

5 de dezembro de 63

Nosso protegido escreveu: ele está morrendo de frio e sente falta de Pointe-à-Pitre.

"Eu não sinto meus pés quando estou na obra, mas estou feliz em aprender um novo ofício. Quando a minha irmã chegar, não vai precisar correr atrás de uma patroa, pois antilhanas são despachadas até para cá, para Nantes. Agora estou entendendo que a França inteira é abastecida por martinicanas e guadalupenses, o que me envergonha um pouco..."

O fato de ele estar envergonhado me deixa incomodada, ele irá correndo se casar com uma moça europeia e em breve terá se esquecido de Pointe-à-Pitre, da irmã e das preocupações de agora.

10 de dezembro de 63

Escrevi àquele agente literário, disse-lhe que minhas cartas terminarão em breve. É verdade, Carolina, não há mais nada que eu lhe diga que você já não saiba. Os dias serão semelhantes uns aos outros, os anos uns aos outros, já as madames serão sempre as mesmas, anônimas e tristes. O gado humano que vem da minha terra será distribuído ao acaso por todos os cantos da França. Ninguém vai perceber, vai se tornar algo natural. Tendo uma irmã que conseguiu um trabalho assim, o

estudante evitará falar sobre o assunto, e a irmã dirá que não
é o caso dela: então tudo ficará bem, para a alegria de uns.

Já que minha máquina não foi para a penhora, quando esses pensamentos vierem me atormentar, vou escrever sobre outras coisas, para que eu mesma consiga esquecer, mas
ainda... tem a Renée, que vem me contar como ela, durante
toda a tarde, teve que pegar água do poço com uma enorme
bacia para regar as plantas em volta da casa de campo dos patrões, carentes de uma boa jardinagem, apesar do inverno.
Tem a sra. Roland, que virá me pedir para fazer mais horas
extras. Tem as ruas Paradis e Saint-Giniez, onde, nos alojamentos luxuosos, as meninas negras somem nos elevadores.
Tem todos os portos da França, que recebem aqueles que
vêm como abelhas pousar sobre a flor medonha da servidão.
Isso não tinha por que ser da minha conta, eu deveria cuidar
da minha vida. Mas por onde começar?

23 de dezembro de 63

Solange virou uma parisiense em tempo integral, vai ao teatro quando pode, corre para pegar o metrô, se adapta à chuva
e está por dentro de tudo, ela me escreve e, na miscelânea de
coisas que me conta, é só sortear um assunto:

"Queria vender a minha casinha em Villejuif para comprar um pequeno apartamento em Strasbourg Saint-Denis,
mas o meu marido não quis. Pior que era um bom negócio,
eu não precisaria pegar o metrô para ir ao trabalho. Ainda
penso no restaurante que nos deixaria ricas. Você continua pondo o preto no branco? Já lhe disse que isso é 'bobagem', pior do que confeccionar golas de camisa nas fábricas, pelo menos ganhamos cinquenta centavos para coser
uma que seja, ao passo que as palavras você não vai usar
nem à vinagrete, nem com molho branco. Então, minha

cara, largue de mão essa história. Quando eu encontrar uma oportunidade interessante, lhe direi, daí você poderá planejar a mudança. Comece a falar com seu marido sobre isso para habituá-lo à ideia de não ouvir mais o vento soprando no Vieux Port...

"Eu estava em uma festa onde havia um grande número de negros, conversamos sobre o Bumidom, um escritório que, eu acho, foi criado para trazer as negras, digo, oficialmente, assim as madames não vão precisar mais 'se mexer' para pagar o translado, é só telefonar e terão o que precisam ao alcance das mãos. Há pessoas a favor, eu sou contra, e você?...

"Comi ostras..."

24 de dezembro de 63

O nosso protegido veio passar o Natal aqui. Está muito frio, não tem como perambular por aí com esse mistral, então o convidamos para passar a noite de hoje conosco. Ele não tinha vindo sozinho: junto dele, na porta, havia outro moço negro. Fizemos com que ele também entrasse, não era hora de deixar ninguém do lado de fora, mesmo um animal. O garoto disse que era estudante, da Universidade de Caen. No momento de ir à mesa, ele quis partir. Numa noite de Natal, onde comem oito, comem nove, a menos que haja má vontade por parte da dona da casa. Mas eu estava cheia de boa vontade, Carolina, pois o convidado surpresa, depois do segundo ponche, iniciou uma longa conversa, durante a qual descobri que ele era um nacionalista. Depois do queijo, ele falou da independência de todas as ilhas do Caribe e da confederação que elas formariam. Então o meu marido disse:

"E o seu pai? O que é que ele acha disso? Ele concebeu você logo depois da última Guerra Mundial, experimentou o desenraizamento dos antilhanos, a longa caminhada deles da América até o monte Cassino,* ele arriscou a pele em Royan, e deseja agora ver você vivendo em paz. Será que a nação que você ajudará a construir com o seu suor e o seu sangue resistirá por muito tempo no lugar onde está, ao alcance dos canhões dos navios americanos? Sempre os vemos passando ao largo de Fort-de-France."

O rapaz, empolgado, repetiu que cuidará para garantir a neutralidade do seu território.

Pobre Carolina, não temos o direito de destruir o sonho de ninguém, mesmo quando podemos. Disse isso ao rapaz e é o que eu penso, estou com medo, quando se formar a confederação, metade dos confederados tentará aniquilar a outra metade. Mas não é disso que tenho medo, entre nós acabamos sempre nos entendendo, mas a que preço! Tenho um medo do diabo, medo dos capacetes coloridos falando todas as línguas, chegando para ensinar a minha velha mãe a marchar! Afinal, não sinto vergonha em admitir que, se não tenho medo de morrer, pois o lugar dos mortos é no céu ou no inferno, tenho medo das consequências do movimento, se estiver viva para assistir. Haverá alguns grandes países que vão querer nos proteger, e alguns que não vão, e todos virão se explicar, até debaixo da árvore da fruta-pão, que faz sombra no casebre que deixei na minha terra! E a mim restará apenas chorar!...

O rapaz relaxou, seu riso ecoou na sala. Estou tão habituada a ver os jovens compatriotas que vivem na Europa falando apenas de festinhas e namoro que gostei dele. Seja como for, é melhor um jovem com um ideal do que um cabeça de vento. Para mudar de assunto, começamos a entoar cânticos de Natal de uma velha antologia que guardo com todo o cuidado.

---

* Referência à Batalha de Monte Cassino durante a Segunda Guerra Mundial, que contou com o Batalhão das Antilhas, formado por 2500 dissidentes martinicanos, guadalupenses e guianenses.

Bela lembrança, fomos levados de volta às origens, nos sentíamos na noite de Natal nas Antilhas, no interior. O nacionalista olhou para nós com pena, desdém, até que, sem perceber, se esqueceu, talvez por delicadeza, da revolução que carrega consigo, e começou a cantar "Jesus Cristo nasceu *jôdi*,* nasceu, nasceu mesmo, minhas crianças". Ele voltou a ser um rapaz feliz por estar no meio da sua gente.

Percebi logo que o nosso protegido não esquentava a cabeça teorizando muito sobre as coisas, ele estava ali, já era bom demais. Ele viera para Marselha com o objetivo de ver a moça que não o tinha desdenhado quando ele usava apenas uma camisa rosa.

"Os pais da Florette são teimosos! O pai é grego e a mãe é da Armênia. Eles são gentis comigo, mas não muito entusiasmados, nunca falam francês quando estou lá!"

Era uma história de amor, algo pessoal, só me restava cumprimentá-lo pela escolha e desejar boa sorte. Os jovens tomaram o primeiro ônibus da manhã e voltaram para a cidade levando na mala projetos e sonhos.

Não posso ir para a cama agora, tenho tanto o que escrever a Solange que não sei por onde começar. Um livro, talvez! Que Deus me dê tempo para esboçá-lo, e proteja aqueles que partem em busca do pão de cada dia.

1º de fevereiro de 1964

Carolina, as coisas não vão nada bem, já estava cansada demais cuidando dos meus cinco filhotes para encarar o maldito trabalho de faxineira. De uma hora para outra, senti o peso dos anos, prematuramente, é verdade, mas para valer. Sofro do mal do século. Pensava que só os bons vivants, com os bolsos cheios de grana, podiam sofrer um enfarte, mas a minha pressão arterial

---

* Em crioulo martinicano, *jôdi*, *jodi-a* ou *jodi-jou* vêm de *aujourd'hui*, "hoje".

agora começou a subir como a de uma velhinha herdeira qualquer. Percebi isso na semana passada, quando estava no açougue onde eu era "ajudante". Esfregava as mesas com uma espécie de plaina para tirar os resíduos grudados na madeira. Vi milhares de borboletas voando em torno da minha cabeça, também vi uma espécie de auréola escura em volta dos olhos, não sei como deitei no chão. Apavorado, o açougueiro pediu socorro. Voltei para casa só mais tarde, não queria ir para hospital nenhum. Como sempre, tenho de achar um maldito emprego desses caso queira passear, ganhar dinheiro e encontrar um editor. O meu manuscrito está terminado, tem a palavra "fim" na última página, e eu não posso me mexer.

Páscoa de 64

Cada dia é único e todos os dias são parecidos, não vou lhe contar, Carolina, tudo o que tomo contra a hipertensão, aí já é outra história. A esperança ressurge apesar disso, pois o meu manuscrito está sendo lido, me falam de um comitê de leitura, os escritores negros aceitaram dar uma olhada nas minhas folhas. Eles estão me lendo, eu mesma, Maméga! Sei que todos estão lisos, um mais do que o outro, mas estão me estendendo a mão, esqueço os meus comprimidos, estou pulando de alegria.

23 de junho de 64

Sucessivamente, passo por laboratórios e faço exames minuciosos de toda a minha anatomia:

"Temos de descobrir a causa da sua doença", dizem os médicos.

Vamos lá então! No hospital, o cateter entra nas minhas artérias, a urografia precede outras coisas com nomes complicados. Durante esse tempo, sinto, do fundo do meu coração, uma imensa dor. Solange teve o corpo inteiro esmagado em plena faixa de segurança, ao atravessar os Grands Boulevards. Ela não terá uma casinha em Strasbourg Saint-Denis. As economias servirão para comprar um belo caixão. Ela também vai ter a alegria de uma aposentadoria definitiva na terra dos seus antepassados. Um avião levará seu corpo para casa. Ela devia ter algumas boas piadas em mente naquela noite, eu gostaria de vê-la dando risada ao partir. No pequeno cemitério do povoado onde nasceu, haverá areia branca em seu túmulo, e conchas de lambis, rosas e pérolas adornarão a sepultura.

Faz calor, e as gietas já se enrugam sob o sol escaldante. Minhas folhas estão circulando, elas passam de leitor a leitor; na falta de um acordo mais sério, sinto que chegará o dia em que meu livro encontrará destinatário, assim me esqueço de que queria ser "ajudante" e acabei virando carpinteira! Que queria ser babá para cuidar de um anjinho loiro e acabei virando cozinheira! O que estou dizendo? Queria ser, queria ser... não tive tempo para ser nada, fizeram com que eu fosse, fico pensando nisso, sem ressentimento, faz calor, posso escrever sob o meu pinheiro favorito enquanto as cigarras cantam, perto de mim Solange está rindo, que bela peça ela me pregou partindo assim! As outras, Yolande, Renée, a sra. Roland, contarão daqui a alguns anos aos filhos, aos parentes:

"Vocês têm sorte! Vocês têm todas as condições para fazer o que bem quiserem! Vocês estão nas lojas de departamento e onde quer que o seu mérito os possa levar, ninguém mais fica surpreso! No nosso tempo, só podíamos ser faxineiras! A vida realmente mudou, acreditem em nós!"

Sim, Carolina! Eu acredito! Estou à espera dessa mudança!

FIM...

Tão longe, tão perto

Vinícius Carneiro
Maria-Clara Machado

I

Somos daqueles que dizem não à sombra.
Aimé Césaire, *Trópicos*, n. 1

A segunda metade do século XX testemunhou a emergência na cena literária mundial de uma literatura caribenha de língua francesa, na qual figuram nomes como Simone Schwarz-Bart e Maryse Condé. Mas essa geração de autoras e autores originários (ou de famílias originárias) de Guadalupe ou da Martinica não surgiu do dia para a noite, sendo a continuação de uma produção literária anterior, em que a escritora Françoise Ega (1920-76), agora traduzida pela primeira vez em português, é uma das pioneiras.

Nascida em 11 de novembro de 1920, em Morne-Rouge, e falecida em 7 de março de 1976, em Marselha, Ega cresceu em um meio modesto. Sua mãe era costureira; o pai, guarda-florestal. Com a morte prematura do marido, a mãe se viu sozinha, com cinco filhos para criar e grávida de um sexto bebê, dos quais pôde cuidar sobretudo costurando para os vizinhos e vendendo legumes da horta. Ega, já crescida, vê as circunstâncias da Segunda Guerra Mundial transformarem a sua história. Primeiro, a obediência das colônias ultramarinas ao marechal Pétain após a ocupação da França pelos nazistas; depois, o desembarque aliado no norte da África, em novembro de 1942, e a consequente insubordinação das Antilhas ao regime de Vichy; por fim, os jovens se acotovelando nos locais de alistamento para defender a Mãe Pátria junto às forças aliadas. Muitos partem da terra natal, transtornando o cotidiano dos habitantes e maculando o imaginário coletivo.

Nesse contexto, Ega deixa a Martinica, com ensino médio completo e um diploma de datilografia. Na França, casa-se em 1946 com um militar de origem antilhana, Frantz Julien Ega, e o acompanha nas viagens a serviço do Exército para a Costa do Marfim, Senegal e Madagascar. Em meados dos anos 1950, o casal se instala definitivamente em Marselha. À beira do Mediterrâneo e com um curso técnico no currículo, Ega não consegue emprego na sua área e, assim como a esmagadora maioria das antilhanas em Marselha, resigna-se a trabalhar de faxineira para complementar a renda familiar. Apesar do racismo que a impede de obter o emprego desejado (e talvez em reação à discriminação racial sofrida), a autora busca se inserir no meio intelectual e associativo local, sendo integrante do Clube de Poetas de Marselha, membro fundadora de associações antilhano-guianenses da cidade, professora de catequese e educadora infantil.

Ega acumulou os papéis de mãe, trabalhadora doméstica e escritora, tendo produzido três romances e um pequeno conto natalino, *Le Pin de Magneau* (editado pelo Comité Mam'Ega em 2000). Seu primeiro livro publicado foi *Le Temps des madras*, lançado em 1966 pela Éditions Maritimes et d'Outre-Mer e reeditado em 1988 pela editora L'Harmattan. Os dois outros romances, *Cartas a uma negra* e *L'Alizé ne soufflait plus*, também publicados pela L'Harmattan, são póstumos, de 1978 e 2000, respectivamente. Essas três obras partem de experiências pessoais da autora: *Le Temps des madras* aborda a infância na Martinica nos anos 1920 e 1930; *L'Alizé ne soufflait plus* narra a vida nas Antilhas durante a Segunda Guerra Mundial; e *Cartas a uma negra* apresenta como pano de fundo o cotidiano de exploração e violência enfrentado pelas antilhanas ao chegarem à França. Para além da descrição e de ponderações sobre esse cotidiano, a narradora reflete sobre o processo de escrita (por vezes questionando as próprias aptidões literárias) e a falta de tempo para escrever (em busca que estava por uma editora que publicasse seu primeiro livro, *Le Temps des madras*).

Em todos os casos, o momento de confecção dos textos foi consideravelmente anterior à data de edição. Quanto a *Cartas a uma negra*, segundo testemunho dos filhos de Ega, Jean-Marc e Jean-Pierre, o grosso da escrita teria ocorrido efetivamente entre 1962 e 1964, datas das cartas no romance, enquanto *Le Temps des madras* teria começado um pouco antes, entre o final da década anterior e o início dos anos 1960. *L'Alizé ne soufflait plus* teria sido escrito entre a segunda metade da década de 1960 e o princípio dos anos 1970.

2

> *Esqueça o quarto só para si — escreva na cozinha, tranque-se no banheiro. Escreva no ônibus ou na fila da previdência social, no trabalho ou durante as refeições, entre o dormir e o acordar.*
>
> Gloria Anzaldúa, "Falando em línguas: Uma carta para as mulheres escritoras do Terceiro Mundo"

Ao longo dos anos, a obra de Ega tem sido classificada pela crítica como essencialmente testemunhal, o que não é incomum na análise dos textos literários de mulheres escritoras, sobretudo negras. No ensaio *L'Écriture-femme*, de 1981, Beatrice Didier revela que, da Grécia Antiga até a contemporaneidade, não raro as mulheres recorreram à escrita confessional. No entanto, suas narrativas são muitas vezes deslegitimadas por se valerem de construções mais voltadas à oralidade, mais livres do ponto de vista da gramática normativa ou do que convencionalmente se reconhece como "literário". Somam-se a isso os preconceitos étnico-raciais costumeiros que destinam a autoras negras, quando publicadas, o lugar de porta-vozes das mazelas sociais de toda a população negra — em detrimento, inclusive, das características estéticas de sua obra. Na produção de Ega, o carimbo de "testemunho" tende a eclipsar o desdobramento de gêneros e subgêneros literários seculares de que a autora lança mão sem pedir licença, o ineditismo do seu trabalho, a sua sensibilidade incomum ao descrever personagens, espaços e episódios, e sua engenhosidade narrativa.

Para ficarmos no caso de *Cartas a uma negra*, podemos afirmar que emergem da narrativa da protagonista, Maméga (alcunha respeitosa pela qual era conhecida a autora, contração *créole* de madame com Ega), uma série de histórias, endereçadas à escritora brasileira Carolina Maria de Jesus, de antilhanas que trabalhavam como faxineiras na França, identificadas como "irmãs". Tal como Ega, a narradora, martinicana, mãe de cinco filhos e moradora da periferia de Marselha, por ser casada com alguém com certa estabilidade financeira, levava uma vida menos precária do que a maior parte das conterrâneas emigradas. Porém, escandalizada com as histórias que ouvia das irmãs antilhanas, e a contragosto do marido, decide mergulhar mais fundo no mundo de miséria e exploração dos subempregos.

Maméga resolve, então, escrever sobre os quartos fechados, as cortinas cerradas e o cheiro de guardado das casas de famílias burguesas onde bastaria abrir janelas para sentir o mistral, vento que sopra forte na região; sobre os embates por uma melhor condição de trabalho para as irmãs; sobre a rabugice e a mesquinhez insuportáveis das patroas, capazes de adiantar e atrasar o relógio da casa em busca de horas extras não remuneradas, mas incapazes, por vezes, de chamá-la pelo nome, trocando-o pelo da faxineira antiga, marcando o caráter desumanizado e mercantilizável daquela relação. Mas não são só as patroas que são descritas: a arrogância e o elitismo dos antilhanos mais bem posicionados na hierarquia social não passam despercebidos pelo olhar irônico e assertivo da narradora, orgulhosa de suas origens.

Cartas a uma negra entrelaça os gêneros autobiográfico e epistolar e o subgênero prosa de autoria feminina, adicionando a isso pelo menos mais uma tradição literária: a do romance de autoria negra. Assim, a obra de 1978 pode ser filiada aos relatos autobiográficos, que compreendem *Confissões* (final do século IV), de Santo Agostinho; *As confissões* (1781-8), de Jean-Jacques Rousseau; *Minha formação* (1900), de Joaquim Nabuco; e *Infância* (1945), de Graciliano Ramos. Ou à tradição epistolar, que vai das *Cartas persas* (1721), de Montesquieu, passando por *Os sofrimentos do jovem Werther* (1774), de Goethe, *As ligações perigosas* (1782), de Laclos, e *A senhora de Wildfell Hall* (1848), de Anne Brontë, até a *Crônica da casa assassinada* (1959), de Lúcio Cardoso. Talvez pela incrível semelhança temática, *Cartas a uma negra* se aproxime mais do romance realista *O diário de uma camareira* (1892), de Octave Mirbeau, no qual o autor dá voz a uma empregada doméstica, Célestine, nos descortinando o inferno social que as criadas viviam nas casas de famílias burguesas francesas na segunda metade do século XIX.

Mas as narrativas de Ega se inscrevem, sobretudo, numa outra linhagem, que vem se fortalecendo nas últimas décadas, tendo surgido como uma resposta à pergunta da pensadora Gayatri Spivak: pode o subalterno falar? Fazemos referência a autoras que escrevem em qualquer lugar, trabalhando na lavoura ou cozinhando para os filhos, para usar as palavras da também pensadora Gloria Anzaldúa em "Falando em línguas: Uma carta para as mulheres escritoras do Terceiro Mundo" (1981). Essa perspectiva *de dentro*, como diria Regina Dalcastagnè — no caso de Ega, de mulher, imigrante, negra, trabalhadora e mãe —, lhe permite arquitetar textos que expõem construções mais complexas de personagens subalternizadas. Percebemos, assim, a relação estreita de *Cartas a uma negra* com outras obras de autoria negra e feminina, como *Amada* (1984), de Toni Morrison; *Quarto de despejo* (1960) e *Diário de Bitita* (1977), de Carolina Maria de Jesus; *Ponciá Vicêncio* (2003), de Conceição Evaristo; e *Um defeito de cor* (2006), de Ana Maria Gonçalves.

3

> *Picket lines*
> *School boycotts*
> *They try to say it's a communist plot*
> *All I want is equality*
> *for my sister, my brother, my people,*
> *and me*
>
> Nina Simone, "Mississippi Goddam"

Outro dado relevante no universo do romance de Ega é o fato de que a primeira correspondência de *Cartas a uma negra* data de 1962. São exatos dez anos depois do lançamento de *Pele negra, máscaras brancas*, de Frantz Fanon, pontapé inicial do combate pela descolonização das mentes dos povos da diáspora negra, e um ano antes da morte de Fanon, quando este já era um dos líderes da Frente de Libertação Nacional da Argélia (FLN). O paralelo entre Ega e Fanon não é à toa: nascidos na mesma década na Martinica, ambos sentiram na carne e na alma as desgraças da Segunda Guerra Mundial. Tal como o marido de Ega, Fanon lutou pela França contra o fascismo. Tanto o autor de *Os condenados da terra* quanto a autora de *L'Alizé ne soufflait plus* queriam mais (melhores condições de existência para a sua gente, diferentes espaços de circulação social, novos meios para interpretar e reinventar o mundo a sua volta), o que os impulsionou a enveredar para as letras. Ambos engajados, disseram muito em poucas publicações, a maior parte delas póstuma. Ambos antirracistas, fizeram, cada um a sua maneira, da própria vida um exemplo, e da escrita um campo de batalha.

Os anos 1950 e 1960 foram, de fato, um período de erupção das lutas contra a discriminação social e racial pelo mundo. De todas as latitudes e longitudes, surgiam produções que davam voz àqueles e àquelas que sempre foram oprimido(a)s e desumanizado(a)s. Nina Simone, no seu álbum de estreia na Philips, gravado em 1964, canta pela primeira vez a desigualdade racial nos Estados Unidos. Trata-se de "Mississippi Goddam", canção-resposta ao assassinato de Medgar Evers, em 12 de junho de 1963, e ao atentado a uma igreja batista no Alabama, no dia 15 de setembro do mesmo ano. Nela, entoa-se *"All I want is equality/ for my sister, my brother, my people and me"* (Tudo o que quero é igualdade/ Para minha irmã, meu irmão, meu povo e para mim).

Em 1966, é lançado na França o primeiro longa-metragem do senegalês Ousmane Sembène, *La Noire de...*, adaptação de um conto da sua antologia de 1962, *Voltaïque*, vencedor do Prix Jean-Vigo. No filme, Diouana, jovem senegalesa de Dakar, deixa a terra natal para se tornar faxineira na casa de um casal francês em Marselha. Chegando à Europa, mesmo com a promessa de trabalhar como babá, logo se vê confinada na casa dos patrões na Côte d'Azur, onde se encarrega da faxina e da cozinha. A heroína conhece então o desprezo dos empregadores e a solidão — experiência não muito distante da que encontramos em *Cartas a uma negra*. Retratar o cotidiano de traumas e perseverança não era novidade para Sembène, que havia contado com amargura o destino trágico de um estivador em Marselha em *Le Docker noir*, de 1956. No romance, o protagonista Diaw Falla, jovem escritor imigrado do Senegal, entrega seus manuscritos a uma parisiense que lhe prometera encontrar um editor. A mulher, no entanto, publica o livro com o seu nome, e Diaw parte desesperado para Paris a fim de encontrá-la.

E há o caso já mencionado de Carolina Maria de Jesus, a destinatária das cartas da obra de Ega. Em 1960, é publicado *Quarto de despejo*, que também tem a estrutura de um diário, com início em 15 de julho de 1955 e término em 1º de janeiro de 1960. Ega e Jesus se valem, assim, do mesmo gênero para falar de problemas semelhantes no mesmo período. Mas o fato de Maméga escrever especificamente para a destinatária Carolina cria um outro tipo de elo entre elas, para além da crítica ao colonialismo, do racismo, da diáspora negra e da exploração de classe que une as autoras a Fanon, Sembène e Nina Simone. Em *Cartas a uma negra*, a narradora, ao partir da escrita da brasileira para desenvolver a sua própria escrita, almeja estabelecer com ela um encontro, possível apenas literariamente.

4

ELA ESCREVEU UM BEST-SELLER COM PAPEL RECOLHIDO NO LIXO. Essa foi a manchete escolhida para apresentar Carolina Maria de Jesus na França, na edição da revista *Paris Match* de maio de 1962. Na capa, uma foto da atriz italiana Sophia Loren, coberta de joias. A matéria conta com trechos da tradução em francês de *Quarto de despejo*, *Le Dépotoir*, à época recém-lançado pela editora Stock. Somam-se a eles, intercalados, comentários sobre a obra e a vida de Carolina de Jesus, além de fotos da autora: no barraco onde morava no Canindé, em São Paulo; entre mocinhas brancas na praia de Copacabana; em família na casa nova; junto ao jornalista Audálio Dantas, que a ajudou na sua primeira publicação; na sessão de autógrafos de

Quarto de despejo, com um belo vestido e joias; e, por fim, visitando os pobres de uma favela do Rio de Janeiro. As duas primeiras fotos, as de maior destaque, no barraco e na praia carioca, servem como resumo iconográfico do artigo: trata-se do registro de um fenômeno literário e social, uma mulher saída da miséria direto para o estrelato. Realizada pelos jornalistas Robert Collin e Jean Manzon, a reportagem tem sete páginas: nas três primeiras, a matéria ocupa folhas completas da revista, com texto e fotos; nas quatro restantes, a história de Carolina de Jesus toma, em regra, uma coluna vertical de cada página, dividindo espaço com anúncios publicitários de toda sorte, de relógios a água mineral.

No perfil da *Paris Match*, a escolha das passagens selecionadas para exemplificar a obra da brasileira é bem particular. Numa delas, lê-se: "No lixo, encontrei um inhame e batatas. Cheguei na favela e meus filhos estavam roendo pão duro". Logo a seguir, o mesmo tom: "Quando acordei, tive vontade de morrer. Já que os pobres são tão desgraçados, para que viver? Será que os pobres dos outros países sofrem como os pobres do Brasil?". Nada é em vão: a reportagem da *Paris Match* é caracterizada por um viés "documental", o que acaba por edificar um perfil sob as cores do exotismo, quase uma caricatura. Emerge da revista a figura de uma personagem negra oriunda de uma realidade alienada do mundo desenvolvido, marcada pela indiferença, pela miséria e pelo atraso. A imagem contrasta com o(a) francês(a) branco(a) de classe média, perfil do que seria um(a) escritor(a) para o(a) leitor(a) do periódico. Como consequência da lupa sobre seu barraco e suas roupas rotas, perde-se de vista a análise crítica dos artifícios de escrita de seus textos, praticamente ignorados. O curioso é que, na matéria, os trechos que fazem da autora brasileira uma figura exótica ao público francês são os mesmos que a tornam familiar para Françoise Ega.

5

Hay tantísimas fronteras
que dividen a la gente,
pero por cada frontera
existe también un puente.

Gina Valdés, "Somos una gente"

A prosa epistolar de Ega inicia de maneira contundente e primorosa: "Pois é, Carolina, as misérias dos pobres do mundo inteiro se parecem como irmãs. Todos leem você por curiosidade, já eu jamais a lerei; tudo o que você escreveu, eu conheço, e tanto é assim que as outras pessoas, por mais indiferentes que sejam, ficam impressionadas com as suas palavras". No romance, a narradora decide fazer do trabalho um momento de observação, descrição e reflexão. Isso lhe permitiria relatar a sua experiência de trabalhadora, sobretudo como faxineira (mas também como feirante, operária numa fábrica e ajudante num açougue), a fim de contar a história das imigrantes que viviam realidades semelhantes no sul da França. Em plena Guerra Fria, Maméga é como uma espiã infiltrada no seio da família burguesa francesa.

Conforme Mireille Rosello em *Infiltrating Culture: Power and Identity in Contemporary Women's Writing* (1996), a pesquisa de campo do etnógrafo é substituída na narrativa pelo crivo da escritora-faxineira, estrangeira que toma nota sobre a opressão de classe (personificada na figura das patroas), subvertendo a lógica da antropologia europeia do século XIX e, por consequência, do colonialismo. Isso porque, tendo sido uma das ciências utilizadas para criar o "racismo científico", a antropologia do século XIX foi uma ferramenta poderosa para justificar as práticas colonialistas do período e, por conseguinte, do racismo, ainda generalizado. Em *Cartas a uma negra*, se o europeu é analisado, não é ele quem analisa, sendo, então, objeto, e não agente. É como

246

se, por meio da prática de observação antropológica, fosse suspensa a lógica científica que amparou o racismo e a consequente possessão das colônias durante séculos.

Há, pelo menos, mais uma subversão em jogo na escrita de Maméga, dessa vez de ordem literária. Quando transforma em literatura sua vida como faxineira, ela se refere às próprias experiências, mas seu status como empregada é o de quem ocupa esse papel criticamente, decidindo fazer dessas vivências objeto e lugar de escrita. Logo, no momento em que aceita trabalhar em empregos subalternos, Maméga se torna também escritora. A sua escrita, como a de Carolina de Jesus, põe em xeque a noção de intelectuais versus trabalhadores — afinal de contas, trabalhadores(as) podem refletir sobre sua existência, transformando-a em arte.

A dicotomia entre universo letrado e iletrado, presente em sociedades cruelmente desiguais como a francesa e a brasileira (cujo episódio latino-americano já foi tão pertinentemente diagnosticado por Ángel Rama em *A cidade das letras*, de 1984), encontra em Ega uma formulação lapidar. Vide o paroxismo da condição da narradora no momento em que trabalha e escreve. Maméga se dá conta de que "existem profissões realmente bestas, visto que, dependendo se você se dedica à faxina ou às letras, passa da condição de burro de carga à de ser humano". Mas Maméga é justamente as duas coisas: uma *femme de ménage* e uma *femme de lettres* (num trocadilho em português, uma *criada* e uma *criadora*). Tal condição, rara, mas não sui generis, está no cerne de tudo que é dito. A narradora é aquela que trabalha para testemunhar a penosa condição de vida de suas semelhantes, as imigrantes, mesmo que o sofrimento que estas são obrigadas a suportar não seja uma questão de vida ou morte para ela. A operação do texto é dupla, tal como nos remete etimologicamente o vocábulo *operātiō, ōnis* em latim: almeja-se exercer uma ação (trabalho) enquanto ato de criação e provocar uma reação (obra) perante a realidade degradante.

6

*Carolina, você nunca vai me ler; eu
jamais terei tempo de ler você, vivo
correndo, como todas as donas
de casa atoladas de serviço, leio
livros condensados, tudo muda
rápido demais ao meu redor.*

Françoise Ega, *Cartas a uma negra*

Essa operação está intimamente conectada à destinatária das cartas. Como vimos, tocada pela história de Carolina de Jesus, cujos livros nunca teria tempo de ler, Maméga resolve contar também a história de mulheres que, imigrantes como ela, sofriam por causa de sua condição de classe, raça e gênero, fazendo de destinatária dos relatos a escritora brasileira. Um dado importante nessa equação é que a narradora nunca teve acesso (assim como a própria Françoise Ega) à obra de Carolina de Jesus. Segundo *Cartas a uma negra*, o marido de Maméga chegou a procurar o jornalista da matéria na sede da revista, em Paris, para saber mais sobre a escritora brasileira, sem sucesso.

O interessante é que os trabalhos sobre o romance epistolar igualmente parecem não ter conseguido acessar a obra da escritora brasileira. Muitas são as análises que se contentam em acrescentar algum comentário em nota de rodapé sobre a autora de *Quarto de despejo*. Outras tantas se deixam levar pela falta de curiosidade, limitando-se a repetir o que Maméga fala sobre a escritora. Assustadoramente, não identificamos ainda um estudo sobre *Cartas a uma negra* que se proponha a ler Carolina de Jesus e responder a perguntas que a nós, brasileiros, saltam aos olhos: por que escrever as cartas justamente a essa tal de Carolina? Quem é de fato a autora brasileira? Quais são os sentidos que emanam desse diálogo além-mar?

Tal anedotário bibliográfico nos remete ao vazio profundo que envolve a atividade criativa de Maméga: sua correspondente, Carolina, conhecedora de realidades semelhantes à sua (o universo da pobreza, do racismo, da exploração e da escrita literária), também sabe que a destinatária não receberá as cartas. A conexão entre ambas é trágica, pois resulta de uma experiência de carência a princípio intransponível. A brasileira e a martinicana têm experiências parecidas, mas não podem falar uma com a outra, nem mesmo se ouvir. Na figura de Carolina, amalgamam-se a única correspondente possível e a mais inacessível.

Assim, Françoise Ega apropria-se criativamente das convenções da prosa epistolar ao repensar os limites da figura do(a) destinatário(a) (pois escreve para alguém que não lerá as cartas), mas também do gênero como um todo (pois as cartas existem ficcionalmente *para não* serem lidas). A obra é, portanto, desde o início, uma correspondência intransitiva. Essa subversão potencializa a reflexão de Maméga sobre a escrita e a angústia de existências precárias de personagens oprimidas, já que caberia ao leitor do romance desafiar e desvendar o silêncio da destinatária — o silêncio quanto aos *escritos* e à *escrita* da destinatária.

Maméga lê muitos livros condensados, resumos publicados em revistas destinados, em geral, à classe média, para que tivesse sobre o que conversar em encontros sociais. Já para a narradora, acessá-los era como um privilégio que lhe permitia entrar diretamente num universo letrado e literário. Devido a sua condição social e suas circunstâncias de leitura (no ônibus, entre um esbarrão e uma freada; em casa, entre fazer a comida e pôr as crianças para dormir), Maméga pratica aquilo que Pierre Bayard nomeia provocativamente, em *Como falar dos livros que não lemos* (2007), como uma leitura "não leitura", pois o processo de ler de Maméga não envolve somente a leitura completa de um texto, linha por linha, página por página, da esquerda para a direita, de cima para baixo, do início ao fim. Lemos livros, e lemos muito, por outros caminhos: através de fragmentos escolhidos ao acaso, de capítulos relevantes para a nossa pesquisa ou de trechos citados, folheando uma publicação que nos interessa e até mesmo ouvindo falar de uma obra. Todos esses exemplos seriam práticas de "não leitura", uma vez que nos possibilitam tecer comentários sobre tais obras e, o mais importante, criar a partir do que lemos. Nesse sentido, Maméga conheceu Carolina de Jesus, e muito bem, tão somente nas sete páginas da *Paris Match* de maio de 1962, o que foi suficiente para dar sequência a um diálogo iniciado pela irmã brasileira, mesmo que esta provavelmente não tivesse consciência da abrangência e da repercussão do que escrevia.

A questão do exemplo, aqui, é fundamental: é da periferia que emerge uma escrita capaz de impulsionar a ambição poética em Ega, latente enquanto potência. É como se o romance fosse, sim, sobre a diáspora negra, o trabalho de imigrantes, a literatura antilhana e a militância feminina, mas também sobre algo mais. Esse algo mais existe e persiste na câmara literária de ecos em que reverberam vozes historicamente sufocadas, mas que, quando espelhadas, se reforçam mutuamente rumo ao protagonismo. Por meio da escrita, funda-se, então, uma espécie de genealogia além-mar. Se, por um lado, a reportagem da *Paris Match* parece alienar do mundo (pelo menos do mundo desenvolvido) a narrativa de vida da escritora brasileira, por outro, constrói uma ponte que permite o encontro entre as duas escritoras, unidas pelas margens. Tal ponte é relevante porque existe, como vimos, um vazio crítico quanto à presença de Carolina Maria de Jesus na obra de Ega.

7

Nós não falamos o mesmo idioma, é
verdade, mas o do nosso coração
é o mesmo, e faz bem se encontrar
em algum lugar, naquele lugar
onde nossas almas se cruzam. Hoje,
recuperei a paz de espírito e converso
com você, me sinto descansada.

Françoise Ega, *Cartas a uma negra*

A tradução de *Cartas a uma negra* nos impõe uma série de questões, ligadas, sobretudo, às implicações indissociáveis da publicação em português, mais precisamente à destinatária nada irrelevante. Num mundo onde saber quem você é significa primeiro saber quem são os outros, a tradução é um elo fundamental, pois é a prática pela qual se pode conhecer e reconhecer o outro para se conhecer e se reconhecer de modo distinto. Em *Translation and Identity* (2006), de Michael Cronin, a tradução é vista como uma forma de aumentar a nossa compreensão de determinado texto-fonte no momento de negociação com a cultura de chegada (no nosso caso, o português brasileiro), fomentando o desenvolvimento da diversidade (em oposição à universalidade eurocêntrica). Na passagem de *Lettres à une noire* a *Cartas a uma negra*, esse *ganho pela diferença* está intimamente conectado ao horizonte de leitura do leitor familiarizado com a literatura brasileira. Para nós, Carolina Maria de Jesus não é apenas assunto de uma reportagem da *Paris Match*, mas uma escritora nacionalmente renomada, precursora da literatura de autoria negra e feminina na América do Sul, cujos textos puseram de cabeça para baixo a lógica do sistema literário nacional e cuja leitura é base para se pensar a relação entre o lastro escravocrata, o abismo sócio-econômico, a cultura letrada e a produção literária no Brasil.

Ao se traduzir o romance de Ega para o português, o silêncio altissonante da destinatária ecoa através de toda uma tradição literária e iconográfica, em igual medida rica e enriquecedora. Esta tradução é, portanto, a concretização dos alicerces do diálogo lançado na prosa epistolar publicada postumamente, uma vez que o horizonte de expectativa do leitor de literatura brasileira, diante da narrativa de Ega, desencadeia os intertextos com a obra de Carolina de Jesus, sua trajetória de vida e os paradoxos de sua produção. É desse modo que a marca de alteridade do relato em francês, idioma no qual Carolina de Jesus é um grande *outro*, seria finalmente acessada pelo leitor lusófono dos trópicos, tão longe e tão perto.

Esta tradução foi resultado do diálogo instaurado entre nós, autores deste posfácio, em La Rochelle, em 2017, por ocasião da jornada de estudos Cultures, Arts et Littératures Périphériques dans le Brésil Contemporain, e continuada na forma do trabalho acadêmico conjunto "Cartas de Françoise a Carolina: A construção literária de uma amizade", apresentado no VII Colóquio Internacional sobre Literatura Brasileira Contemporânea: Contrabandos Literários, Resistências Epistêmicas, realizado na Dinamarca, na Universidade de Copenhague, entre os dias 17 e 18 de dezembro de 2018. Gostaríamos de agradecer à professora Regina Dalcastagnè pelo apoio e estímulo, tanto para os trabalhos acadêmicos de pesquisa envolvendo as produções de Françoise Ega e Carolina de Jesus quanto para o projeto de tradução; ao Comité Mam'Ega, por todas as prontas respostas, sobretudo a Jean-Pierre e Jean-Marc Ega, que continuam o legado associativo da mãe, sendo os responsáveis pelo seu espólio intelectual; e, finalmente, à poeta Lorena Martins, pela contribuição valiosa.

Cet ouvrage, publié dans le cadre du Programme d'Aide à la Publication année 2019 Carlos Drummond de Andrade de l'Ambassade de France au Brésil, bénéficie du soutien du Ministère de l'Europe et des Affaires étrangères.

Este livro, publicado no âmbito do Programa de Apoio à Publicação ano 2019 Carlos Drummond de Andrade da Embaixada da França no Brasil, contou com o apoio do Ministério francês da Europa e das Relações Exteriores.

Originalmente publicado na França sob o título *Lettres à une noire:*
Récit antillais © L'Harmattan, 1978, www.harmattan.fr

Todos os direitos desta edição reservados à Todavia.

Grafia atualizada segundo o Acordo Ortográfico da Língua
Portuguesa de 1990, que entrou em vigor no Brasil em 2009.

capa
Violaine Cadinot
imagem de capa
Peter Uka. *Front yard things*, 2020, 200 × 140 cm.
Cortesia do artista e de Mariane Ibrahim
preparação
Leny Cordeiro
revisão
Ana Alvares
Jane Pessoa

4ª reimpressão, 2024

Dados Internacionais de Catalogação na Publicação (CIP)

Ega, Françoise (1920-1976)
  Cartas a uma negra : Narrativa antilhana / Françoise
Ega ; tradução Vinícius Carneiro, Mathilde Moaty ;
posfácio Vinícius Carneiro, Maria-Clara Machado.
— 1. ed. —São Paulo : Todavia, 2021.

  Título original: Lettres à une noire : Récit antillais
  ISBN 978-65-5692-102-0

  1. Literatura francesa. 2. Cartas. I. Carneiro, Vinícius.
II. Moaty, Mathilde. III. Título.

CDD 846

Índice para catálogo sistemático:
1. Literatura francesa : Cartas 846

Bruna Heller — Bibliotecária — CRB 10/2348

todavia
Rua Luís Anhaia, 44
05433.020 São Paulo SP
T. 55 11. 3094 0500
www.todavialivros.com.br

fonte
Register*
papel
Avena 80 g/m²
impressão
Forma Certa